MIX
Papier aus verantwortungsvollen Quellen
Paper from responsible sources
FSC® C105338
FSC
www.fsc.org

Paul Hirnstein

Gentrifizierung im Kieler Stadtteil Gaarden

Welchen Beitrag kann Soziale Arbeit zur Stadtteilaufwertung leisten?

Diplomica Verlag GmbH

Hirnstein, Paul: Gentrifizierung im Kieler Stadtteil Gaarden: Welchen Beitrag kann Soziale Arbeit zur Stadtteilaufwertung leisten?
Hamburg, Diplomica Verlag GmbH 2013

Buch-ISBN: 978-3-8428-6288-3
PDF-eBook-ISBN: 978-3-8428-1288-8
Druck/Herstellung: Diplomica® Verlag GmbH, Hamburg, 2013

Bibliografische Information der Deutschen Nationalbibliothek:
Die Deutsche Nationalbibliothek verzeichnet diese Publikation in der Deutschen Nationalbibliografie; detaillierte bibliografische Daten sind im Internet über http://dnb.d-nb.de abrufbar.

Hermannstal 119k, 22119 Hamburg
http://www.diplomica-verlag.de, Hamburg 2013
Printed in Germany

Ich weiß nicht, ob es besser werden wird,
wenn es anders werden wird:
aber soviel ist gewiss,
dass es anders
werden muss, wenn es gut werden soll.

Georg Christoph Lichtenberg
(1742-1794)

Inhaltsverzeichnis

Alfons-Jonas-Platz/Elisabethstraße mit Blick auf die HDW-Kräne. Fotos: Paul Hirnstein

1. Einleitung

Gaarden ist als Lebensraum ein historisch gewachsener Stadtteil, der seit Jahrzehnten Wohnort für Arbeiter[1] und ihre Familien war und auch heute größtenteils noch ist. Doch Städte und Quartiere wandeln sich. Zeitgemäße Arbeitsbereiche und Fachgebiete entstehen. Qualifizierte Kräfte orientieren sich um und ziehen weiter, weniger Qualifizierte und von Transferleistungen Abhängige fallen neuen Strukturen zum Opfer und bleiben am Ort, Menschen aus anderen Stadtteilen, die auf preiswerten Wohnraum ausweichen müssen, ziehen neu hinzu. Aufgrund niedriger Mieten und einer geringen Motivation zur Sanierung durch die Hauseigentümer wurde der Stadtteil zum Abstellgleis eines sozial problematisch gestellten Klientels.

In den vergangenen Jahren wurde im Hinblick auf solche Stadtteile der Begriff Gentrifizierung diskutiert, bei dem es um die Aufwertung durch Investitionen und letztendlich um die Verdrängung der Stamm-Bevölkerung geht, auch im Zusammenhang mit Gaarden. Ob ein solcher Prozess tatsächlich stattfindet, zur Verbesserung der Lebens- und Aufenthaltsqualität beiträgt und sinnvolle Lösungsansätze bietet, ist Inhalt und Absicht dieser Studie.

[1] Die nachfolgend verwendete männliche Form bezieht selbstverständlich die weibliche Form mit ein. Auf die Verwendung beider Geschlechtsformen wird lediglich mit Blick auf die bessere Lesbarkeit des Textes verzichtet.

1. Einleitung

Sie befasst sich vor allem mit der Frage, ob eine von außen gesteuerte Gentrifizierung mit dem Zuzug neuer und besser situierter Bevölkerungsgruppen – ob intellektuell und/oder materiell – zu einer neuen Durchmischung der Einwohnerschaft führt oder ob der Stadtteil an sich mit Hilfe der Sozialen Arbeit eigene Kräfte bündeln und Zukunftsperspektiven erarbeiten kann. Unter dem Titel „Gentrifizierung im Kieler Stadtteil Gaarden – Welchen Beitrag kann Soziale Arbeit zur Stadtteilaufwertung leisten?“ wurde diese empirische Studie angefertigt.

1.1 Motivation

Die Rahmenbedingungen Sozialer Arbeit und die Begleitumstände, mit denen sich Menschen im Professionsfeld auseinandersetzen, zogen sich wie ein roter Faden durch das Bachelor- und Master-Studium. Im Bachelorstudiengang Soziale Arbeit mit dem Schwerpunkt Devianzpädagogik wurden die Lebensbedingungen der Menschen in belasteten Lebenslagen in den Mittelpunkt gestellt. Im Masterstudiengang Pädagogik mit den Schwerpunkten Sozialarbeit und Bildungsmanagement ging es hauptsächlich um die Anwendung von Forschungsmethoden sowie Organisationsentwicklung und Management von Bildungsprozessen.
Letztendlich stellen die Erkenntnisse dieser Studie den Höhepunkt der akademischen Ausbildung des Verfassers dar. Ausgehend vom Diskurs im Stadtteil Gaarden wurde das Interesse für eine wissenschaftliche Auseinandersetzung[2] geweckt mit dem Ziel, einen Ausschnitt über die Peripherie der Sozialen Arbeit und die Gentrifizierung empirisch auszuarbeiten.

1.2 Zielsetzung

Das Ziel dieser Studie ist am persönlichen Interesse am Kieler Stadtteil Gaarden ausgerichtet. Mit der Anfertigung dieser Studie soll ein Beitrag zum Diskurs um das Thema Gentrifizierung im Kieler Stadtteil Gaarden geleistet werden. Im Mittelpunkt steht die Auseinandersetzung mit dem Stadtteil im Hinblick auf Soziale Arbeit, Gentrifizierung und Zukunft seines Stadtteils.

---

[2] „Es ist ferner eine Eigenthümlichkeit der höheren wissenschaftlichen Anstalten, daß sie die Wissenschaft immer als ein noch nicht ganz aufgelöstes Problem behandeln und daher immer im Forschen bleiben [...].“. s. W. v. Humboldt, 1810, S. 252 in Flitner, A., Giel, K. (2002), S. 256

Die Ergebnisse dieser Studie sollen einen Einblick in die Struktur und die Rahmenbedingungen eines solchen Prozesses geben, ohne eine allgemeingültige Aussage für ganz Kiel oder Deutschland zu treffen.

1.3 Aufbau der Studie

Nach der Einleitung thematisiert das zweite Kapitel dieser Studie das Grundverständnis von Sozialer Arbeit und ihren Aufgaben im Verlauf ihrer Geschichte. Im Hinblick auf die Stadtteilarbeit soll speziell auf die Gemeinwesenarbeit eingegangen werden.

Das dritte Kapitel behandelt das Thema Gentrifizierung. Neben einer Einführung in die Herkunft des Begriffs werden die vier grundlegenden Phasen eines Gentrifizierungsprozesses dargestellt.

Im vierten Kapitel wird die Geschichte Gaardens seit der Ernennung zum Reichskriegshafen im Jahr 1871 erläutert. Neben einem historischen Überblick von der Eingemeindung in die Stadt Kiel im Jahr 1901 bis zur Zeit nach dem Zweiten Weltkrieg wird die Bau- und Sozialstruktur aus der jüngeren Geschichte des Stadtteils erläutert.

Das fünfte Kapitel beinhaltet den Forschungsteil. Neben der Einführung in die theoretischen Hintergründe finden sich dort die persönliche Vorstellung der Interviewpartner, die inhaltliche Darstellung der Befragung sowie deren Ergebnisse.

Im sechsten Kapitel werden die Ergebnisse der Befragung zusammengefasst, das siebte Kapitel befasst sich mit der Interpretation der theoretischen Hintergründe und der Erkenntnisse aus den Interviews.

Im achten Kapitel wird ein Ausblick in Form von vier Thesen formuliert.

Graffiti mit Postleitzahl an einer Hauswand.

2. Soziale Arbeit

Im folgenden Kapitel wird der Werdegang der Sozialen Arbeit vorgestellt. Von dem ihr häufig zu Grunde gelegten Gleichnis vom barmherzigen Samariter wird die Entwicklung der Sozialen Arbeit von ihren Anfängen über die Institutionalisierung bis zur Akademisierung und von der Hilfstätigkeit zur akademischen Ausbildung kurz dargestellt.

Im Rahmen „lokaler Richtigkeit“ wird die Gemeinwesenarbeit als eine der grundlegenden Arbeitsformen von Sozialer Arbeit exemplarisch beleuchtet.

2. Soziale Arbeit

2.1 Soziale Arbeit – eine kurze historische Einordnung

Als Sinnbild für die Soziale Arbeit gilt häufig das Gleichnis vom barmherzigen Samariter, der sich bedingungslos um einen Verletzten kümmert, ihn in eine Herberge bringt und dem Wirt die weitere Betreuung bezahlt.[3] Über die Interpretation von Sozialer Arbeit in diesem Gleichnis gibt es unterschiedliche Ansichten. C. W. Müller bezeichnet das Sinnbild als ungeeignet, da der Samariter durch Zufall in die Situation geraten sei, nur etwas weitergeben könne, weil er finanziell dazu in der Lage sei und nur einmal und nicht regelmäßig mit solchen Fällen zu tun habe.[4] Rauschenbach hingegen sieht in der Tätigkeit des Wirtes eine „Urszene" von Sozialer Arbeit, denn dieser „wird von dem Samariter beauftragt, gegen Geld und Entlohnung den Hilfebedürftigen zu beherbergen, zu versorgen und wieder gesund zu pflegen"[5].

Der Jurist und Nationalökonom Lorenz von Stein verwendete im Jahr 1880 den Begriff der „socialen Arbeit", die er unmittelbar mit der „socialen Frage" verknüpfte. Dabei hatte er verschiedene Vorstellungen, wie dieser Begriff gedeutet werden soll. Auf der einen Seite sieht er sie als Teil dessen, was ein freier Mensch im Rahmen seiner ökonomischen Leistungen zwischen den gesellschaftlichen Klassen leisten kann. Dies war aber nur möglich, weil sich das Gesellschaftssystem zu dieser Zeit maßgeblich veränderte. Auf der anderen Seite sei der Gegenstand Sozialer Arbeit, wie er in seinem Werk „Die Frau auf dem socialen Gebiete" schrieb, „nicht der Arbeiter, sondern die arbeitende Classe, nicht der Arme, sondern die Armuth, nicht die Hülfe für den Einzelnen, sondern die ganze Aufgabe, welche wir die Hebung und Veredelung der nichtbesitzenden Classe nennen"[6]. Und weiter: „Die Helfenden sollten einmal mit den Mächten ringen welche das Ganze, die Classe als solche bewältigen, und zugleich sollen sie dem Einzelnen als solchen die hilfreiche Hand bieten; die Hülfe muß eine systematische, organische für die ganze Classe, und eine freie, individuelle für die Einzelnen in derselben sein"[7].

---

3 Vgl. „Ein Mann ging von Jerusalem hinab nach Jericho und fiel unter die Räuber; die plünderten ihn aus, schlugen ihn, machten sich davon und ließen ihn halbtot liegen. Zufällig ging ein Priester denselben Weg hinab. Er sah ihn und ging vorüber. Ebenso kam ein Levit an der Stelle vorbei, sah ihn und ging vorüber. Ein Samariter aber, der vorbeikam, sah ihn und wurde von Mitleid bewegt. Er trat hinzu, verband seine Wunden und goß Öl und Wein darauf; dann setzte er ihn auf sein eigenes Lasttier, brachte ihn in eine Herberge und trug Sorge für ihn." Lukas-Evangelium, 10, 30-34 in E. Engelke, (2004), S. 41

4 Vgl. Th. Rauschenbach, (1999), S. 157f

5 s. ebd., S. 158

6 s. L. v. Stein, 1880, in H. Maier, (1998), S. 13

7 s. ebd., S. 13f

2. Soziale Arbeit

Im Jahr 1901 definierte Alice Salomon Soziale Arbeit so: „Unter dem Begriff ‚soziale Hilfsthätigkeit' pflegt man alle diejenigen Bestrebungen einzureihen, die gesellschaftlichen Mißständen gegenüber Hilfe schaffen wollen, die auf Förderung eines gesunden Volkslebens in körperlicher und geistiger Beziehung abzielen. Es handelt sich dabei also nicht um eine unbedeutende Hilfsarbeit bei grossen sozialen Reformen, sondern um die Mitarbeit an diesen selbst. Auf dem Gedanken des Helfens und Heilens, um Einzelnen oder der Gesamtheit bessere Daseinsmöglichkeiten zu schaffen, beruht die soziale Hilfsthätigkeit, und dieser Gedanke liegt der Bezeichnung ‚soziale Hilfsthätigkeit' zu Grunde."[8]

Namentlich schließt sich der Begriff der Sozialen Arbeit an die „mittelalterliche Armenpflege, die kommunale und kirchliche Armenfürsorge des 19. Jahrhunderts, die im Rahmen der Herausbildung des Sozialstaats komplementär zur Sozialpolitik für Arbeiter entstand, die ‚soziale Fürsorge' der Wende vom 19. zum 20. Jahrhundert, die sich fachlicher orientierte und mit den Bestrebungen zur Erziehung der Armen (Hygiene, Säuglingsversorgung, sparsame Haushaltsführung) pädagogisiert wurde, und die Verberuflichung der Wohlfahrtspflege in der ersten Hälfte des 20. Jahrhunderts, insbesondere durch die Impulse der bürgerlichen Frauenbewegung".[9]

Das 1924 in Kraft getretene Reichsjugendwohlfahrtsgesetz beeinflusste nicht nur das Kindergartenwesen, sondern auch die Entwicklung der Berufsausbildung im sozialen Bereich, namentlich der Kleinkindererziehung. Der Vorschulbereich gehörte zudem nicht mehr der Schule an, sondern der Jugendwohlfahrt; die Wohlfahrtspflege erfuhr zudem eine Stärkung durch das Subsidiaritätsprinzip[10]. Eine weitere Neuerung war das im Gesetz festgeschriebene Recht und die Pflicht auf Erziehung durch die Familie. Diese Änderungen beeinflussten die Ausbildung in den sozialen Berufen, in erster Linie die Ausbildung der Mädchen und Frauen.[11]

Nachdem sich die universitäre Ausbildung in der Pädagogik bis in die 1970er Jahre auf die Fächer Pädagogik und Philosophie konzentriert hatte, vergrößerte sich der

---

8 s. ebd., S. 15

9 Hammerschmidt, Tennstadt, 2002, in F. Hamburger, (2008), S. 19

10 Subsidiarität ist „zu verstehen als Organisationsmuster sozialen Handelns auf der Linie Individuum – Familie – Gemeinde – Staat. [...]Als Prinzip sozialpolitischer Gestaltung wurde S. v. a. von der katholischen Soziallehre entwickelt. Dieser liegt die naturrechtlich geprägte Vorstellung vom Aufbau der Gesellschaft nach Art ineinander gebetteter, konzentrierter Kreise zugrunde, wobei dem je kleineren von dem je größeren die Primärzuständigkeit für die Reproduktion des Individuums zukommt." s. Chr. Sachße, in D. Kreft, I. Mielenz, (1996), S. 592

11 Vgl. R. Chr. Amthor, (2003), S. 308

Bereich der Bildung seit dieser Zeit. Die Akademisierung und die Verwissenschaftlichung verschiedener Bereiche waren die Folge des Aufbruchs und der Reformen, die „die Expansion des gesamten Erziehungs-, Bildungs- und Wissenschaftssystems sowie des Dienstleistungssektors von Sozialpädagogik und Sozialarbeit“[12] voran trieben. Neben den neuen erziehungswissenschaftlichen Diplomstudiengängen, die als einzigen Schwerpunkt das Fach Pädagogik beinhalteten, bildeten sich an den Universitäten und Fachhochschulen neue pädagogische Tätigkeitsfelder und es entstanden neue Teildisziplinen.[13]

Im Jahr 1984 hat die Studienreformkommission Pädagogik/Sozialpädagogik/Sozialarbeit im Auftrag der Kultusministerkonferenz (KMK) und der Hochschulrektorenkonferenz (HRK) eine Empfehlung veröffentlicht, in der es heißt, „daß der Praktiker überprüfbare Handlungskonzepte auf wissenschaftlicher Grundlage braucht, wobei die auf bestimmte Kommunikationsstrukturen ausgerichteten separaten Methoden überwunden werden müßten.“[14] In den 1980er Jahren war die Praxis der Sozialarbeit und Sozialpädagogik auf dem Weg, sich „auf der Basis einer Sozialarbeitswissenschaft, in die Brückentheorien integriert werden“[15], zu entwickeln, welche dazu beitragen soll, das Handeln und Wirken zwischen Personen, aber auch zwischen Gesellschaft und System, verständlich zu machen.[16] Der Studiengang Sozialpädagogik wurde ausgerichtet „auf Tätigkeiten, die sich entweder aus der Tradition der Sozialarbeit (Unterstützung und Beratung in besonders belasteten Lebenslagen) oder aus der Tradition der Sozialpädagogik (Kindergarten-, Familien- und Heimerziehung) entwickelt haben“[17]. Dabei muss berücksichtigt werden, dass sich die in der Tradition der Sozialarbeit und der Sozialpädagogik genannten Tätigkeitsfelder seit der Nachkriegszeit im Hinblick auf den Adressatenkreis und die problematischen Umstände erheblich erweitert haben.[18]

Im Jahr 2000 wurde die Soziale Arbeit von der International Federation of Social Workers (IFSW) so definiert: „The social work profession promotes social change, problem solving in human relationships and the empowerment and liberation of

[12] s. W. Brinkmann, (2001), S. 6f
[13] Vgl. ebd.
[14] s. Veröffentlichungen zur Studienreform, (1984), Heft 18, S. 23
[15] s. ebd.
[16] Vgl. ebd.
[17] Vgl. ebd., S. 82
[18] Vgl. ebd.

people to enhance well-being. Utilising theories of human behaviour and social systems, social work intervenes at the points where people interact with their environments. Principles of human rights and social justice are fundamental to social work."[19]

Engelke übersetzt diese Definition folgendermaßen: „Die Profession Soziale Arbeit fördert sozialen Wandel, Problemlösungen in zwischenmenschlichen Beziehungen sowie die Befähigung und Befreiung von Menschen zur Verbesserung ihres Wohlbefindens. Gestützt auf wissenschaftliche Erkenntnisse über menschliches Verhalten und soziale Systeme greift Soziale Arbeit dort ein, wo Menschen und ihre Umwelt aufeinander einwirken. Grundlagen der Sozialen Arbeit sind die Prinzipien der Menschenrechte und der sozialen Gerechtigkeit."[20]

2.2 Gemeinwesenarbeit

Wie schon bei der Sozialen Arbeit gab es auch bei der Gemeinwesenarbeit eine Praxis vor der institutionalisierten Praxis. In den Vereinigten Staaten von Amerika orientierten sich Konzepte der Gemeinwesenarbeit daran, gemeinsam mit Helfern und Betroffenen Lösungen für Probleme im Stadtteil oder Sozialraum zu finden.[21]

„Gemeinwesenarbeit (GWA) ist eine sozialräumliche Strategie, die sich ganzheitlich auf den Stadtteil und nicht pädagogisch auf einzelne Individuen richtet. Sie arbeitet mit den Ressourcen des Stadtteils und seiner BewohnerInnen, um seine Defizite aufzuheben. Damit verändert sie dann allerdings auch die Lebensverhältnisse seiner BewohnerInnen."[22]

Dabei weist die Gemeinwesenarbeit verschiedene Merkmale auf. Zum einen ist sie interdisziplinär. Sie bedient sich, um die vor Ort herrschende Situation in diesem Moment zu erklären und aufzuzeigen, verschiedener Theorien, die aus anderen wissenschaftlichen Disziplinen stammen. Neben der Psychologie oder Erziehungswissenschaft können dabei auch Theorien aus den Sozialwissenschaften oder der Politischen Ökonomie zum Tragen kommen. Ein weiterer Aspekt ist die „lokale

---

[19] s. E. Engelke, (2004), S. 298

[20] International Federation of Social Workers (IFSW), 2000, im englischen Originaltext in Teil 4, Absch. 2.4; übersetzt von E. Engelke, (2004), S. 56

[21] Vgl. M. Galuske, (2009), S.99

[22] Vgl. D. Oelschlägel, in H. Thiersch, u. H.-U. Otto, (Hrsg.), (2005), S. 653

Richtigkeit“[23]. Dies bedeutet, dass sich die Gemeinwesenarbeit an Theorien und Methoden bedient, die für die Situation vor Ort, im Stadtteil oder Sozialraum notwendig und brauchbar sind. Dieser Sozialraum (Stadtteil oder auch Institution) wird aus der Perspektive der Bewohner betrachtet (Lebensweltorientierung) und greift die Probleme der dort lebenden Menschen auf, vor allem jene, die diese für besonders wichtig halten.[24]

Das oberste Ziel der Gemeinwesenarbeit ist, aus den Stadtteilen handlungsfähige Quartiere zu machen, in denen die Menschen in der Lage sind, ihre Lebenswelt zu ordnen und zu verbessern. Durch die Schaffung von Zugängen zu Behörden und anderen Institutionen sollen die Menschen „zunehmend Kontrolle über ihre Lebensverhältnisse gewinnen“[25].[26]

Oelschlägel beschreibt fünf zentrale Aufgaben der Gemeinwesenarbeit. Zum einen soll sie Dienstleistungen und Ressourcen zur Verfügung stellen, die den Menschen im Quartier besonders nützen. Diese müssen dabei nicht immer neu und hochwertig sein, häufig geht es darum, Lebensmittel und Beratung kostengünstig zur Verfügung zu stellen oder auch Orte zu schaffen, an denen sich die Menschen aufhalten können, ohne Sanktionen fürchten zu müssen, wenn sie sich nicht so verhalten, wie es von ihnen erwartet wird.

Ein weiteres Handlungselement ist die Aktivierung betroffener Menschen. Die Gemeinwesenarbeit muss sich an deren Bedürfnissen ausrichten, damit die Ziele für die Menschen auch erreichbar sind. Der dritte Aspekt ist die Kulturarbeit. Im Rahmen von Gemeinwesenarbeit soll immer ein Kulturangebot zur Verfügung gestellt werden, da die GWA davon ausgeht, dass der Mensch kulturelle Bedürfnisse hat und eine kulturelle Szene in jedem Stadtteil Bestand haben sollte. Das vierte Handlungselement ist laut Oelschlägel das der Einmischung. GWA hat immer auch eine politische Seite. Immer, wenn Aufgaben von höherer Stelle bis in die Gliederungen im Stadtteil weitergegeben werden, muss die GWA reagieren können, auch „zur Verteidigung von Lebensräumen“[27]. Der letzte Aspekt ist der der Vernetzung. GWA hat die Aufgabe, im Stadtteil verschiedene Gruppierungen zu gründen und zu fördern. Diese müssen nicht zwangsläufig aus Behörden oder anderen Institutionen

---

[23] S. ebd.
[24] Vgl. ebd.
[25] S. ebd.
[26] Vgl. ebd.
[27] S. ebd., S. 654

kommen. Es sollten auch Sportvereine, Kneipengruppen oder andere Gruppen daran teilnehmen, um bei wichtigen Anlässen agieren zu können.[28]

Galuske zeigt („ohne Anspruch auf Vollständigkeit“[29]) vier Konzepte der GWA auf, wie sie bis zu Beginn der 1980er Jahre bestanden. Die wohlfahrtsstaatliche Gemeinwesenarbeit hat die Verbesserung der Ausstattung sowie der Dienstleistungsangebote in den Sozialräumen zum Ziel. Die unterschiedlichen Träger sollen in diesem Modell koordiniert werden. Kritisiert wird an diesem Konzept, dass der Sozialarbeiter seinerseits Angebot und Nachfrage verbessern soll, Betroffene oder Bürger jedoch nur Einfluss auf die Ausstattung haben.[30]

Die Integrative Gemeinwesenarbeit ist das bis in die 1970er Jahre am häufigsten verwendete Modell. Es setzt eine gerechte Gesellschaft voraus, in der die Bürger ihre Rechte auf Freiheit, Gestaltung und soziale Sicherung optimal nutzen sollen. Ziel dieses Konzeptes ist es, „innerhalb des avisierten Sozialraums eine Bedürfnishierarchie zu ermitteln, die es mittels Ausnutzung existierender bzw. potentiell aktivierbarer Quellen zu befriedigen gilt“[31]. Der Sozialarbeiter übernimmt die Aufgabe, den sozialen Bedarf zu formulieren und sie aufgrund gesetzlicher Grundlagen und Möglichkeiten umzusetzen.[32]

Das dritte Modell, das Galuske beschreibt, ist das der Aggressiven Gemeinwesenarbeit. In diesem Konzept sollen sich die Betroffenen zur Gegenmacht gegen die kapitalistische Gesellschaft formieren, wenn erforderlich auch durch politische Einmischung und/oder Provokation. Aufgabe des Gemeinwesenarbeiters ist, die organisierten Bürger für ihren „Kampf“ zur Veränderung des gesellschaftlichen Systems zu beraten. Seine Werkzeuge sind dabei unter anderem das Wissen über die Arbeit der so genannten „Gegner“.[33]

Die katalytische/aktivierende Gemeinwesenarbeit stellt Galuske als viertes Modell vor. Karas und Hinte beschreiben sie als „Antwort auf die fehlende gesellschaftskritische Perspektive der wohlfahrtsstaatlichen und integrativen Ansätze einerseits, und den von der Reichweite her zu grundlegend und damit die Aktionspotentiale der

[28] Vgl. ebd., S. 654
[29] s. M. Galuske, (2009), S. 103
[30] Vgl. ebd.
[31] s. ebd., S. 104
[32] Vgl. ebd.
[33] Vgl. ebd., S. 104f

Betroffenen überschätzenden aggressiven Ansätze andererseits [...].“[34] Zentrale Aussage des Konzeptes ist der Einsatz von kompetenten Bürgern im Stadtteil, die als erste Ansprechpartner für die Menschen fungieren, die Aufgaben des Sozialarbeiters sind die Förderung der Eigenaktivität der Betroffenen und die Solidarität mit der Gruppe.[35]

34 S. ebd.
35 Vgl. ebd.

Innenhof eines Wohnhäuserblocks in Gaarden.

3. Gentrifizierung

Seit mehreren Jahren wird in verschiedenen deutschen Städten der Begriff Gentrifizierung diskutiert. Im Zuge dieser Debatte werden meist die Städte Hamburg und Berlin genannt.

Das zweite Kapitel beginnt mit der Herleitung des Begriffs „Gentrifizierung" und die Verbreitung in Europa seit den 1960er Jahren. Am Beispiel der Entwicklung des Städtebaus der Nachkriegszeit und der damit verbundenen neuen Gesetzgebung soll die Entwicklung der Städte kurz beleuchtet werden. Anhand des „Invasions-Sukzessions-Zyklus" sowie der vier Phasen eines Gentrifizierungsprozesses werden die Entstehung und der Verlauf von Aufwertung und Verdrängung exemplarisch skizziert.

3. Gentrifizierung

3.1 Der Gentrifizierungsbegriff: Eine historische Herleitung

Der Begriff Gentrifizierung (engl.: „gentry" – niederer Adel) wurde in den 1960er Jahren in London von der Soziologin Ruth Glass geprägt und wird seitdem für die sozialräumliche Weiterentwicklung von Stadtteilen verwendet. Im sozialwissenschaftlichen Kontext handelt es sich dabei um die Erneuerung von städtischen Wohngebieten, die durch Sanierungs- oder Renovierungsmaßnahmen sowie durch Wechsel der Eigentümer hervorgerufen werden. Diese Maßnahmen und Wechsel verlaufen zumeist zum Nachteil einkommensschwacher Haushalte.[36]

Im historischen Kontext handelt es sich – entgegen dem heutigen Diskurs – nicht um eine stadtpolitische Thematik. Die Debatte um die Gentrifizierung in England hängt vielmehr mit der dort noch markanteren Trennung zwischen der Arbeiterklasse und besser verdienenden Gesellschaftsschichten zusammen, als es in anderen Ländern der Fall ist. Die hohe Attraktivität Londons im Hinblick auf den Arbeitsmarkt sorgt auf der einen Seite für eine hohe Wohnungsnachfrage, auf der anderen Seite steigen die Mieten und vertreiben einkommensschwache Bewohner aus den Stadtzentren.

In Zentraleuropa wurde der Diskurs über Gentrifizierung erstmals in den Niederlanden in den 1970er Jahren, in Deutschland in den 1980er Jahren geführt, gleichzeitig entstanden auch erste Protestbewegungen.[37]
Da die Gentrifizierung in verschiedenen Städten immer ein Einzelfall bleibt, bei dem eine allgemeine Prognose nicht möglich erscheint und es keine forschungsbasierten Erkenntnisse gibt, die den Erfolg einer öffentlichen Intervention belegen, wurde die Gentrifizierung zu Beginn des 21. Jahrhunderts sehr kontrovers diskutiert. Die Betroffenen sahen ihre Existenz bedroht, während die Nutznießer, motiviert durch die zu erwartenden Gewinne, die Gentrifizierung verteidigten.

---

[36] Vgl. I. Breckner, in: APuZ 17/2010, S. 27
[37] Vgl. ebd., S. 28

3.2 Das Leitbild „Erhaltende Stadterneuerung/behutsamer Stadtumbau“

Nach dem Zweiten Weltkrieg wurden in Deutschland die Städte, insbesondere die historischen Stadtkerne, häufig wieder so aufgebaut, wie sie vor dem Krieg bestanden hatten. Das hing zum einen mit der bereits vorhandenen Infrastruktur, dem unterirdischen Städtebau sowie mit den bereits vorhandenen Privateigentümern, zum anderen mit dem Traditionsbewusstsein der Bürger zusammen. Diese Qualität des Wiederaufbaus am Vorbild der früheren Stadtstruktur hat nach wie vor einen besonderen Einfluss auf die Gestaltung der Aufenthaltsräume.[38] Besonders ab den 1970er Jahren, nach der ersten Wiederaufbauphase, wuchs das Interesse am Erhalt der historischen Städtestruktur, speziell durch die Verabschiedung des Städtebauförderungsgesetzes durch den Deutschen Bundestag im Jahr 1971.[39] So heißt es in §1 Abs. 1 des Gesetzes: „Städtebauliche Sanierungs- und Entwicklungsmaßnahmen in Stadt und Land, deren einheitliche Vorbereitung und zügige Durchführung im öffentlichen Interesse liegt, werden nach den Vorschriften dieses Gesetzes vorbereitet, gefördert und durchgeführt. Bund, Länder und Gemeinden wirken im Rahmen ihrer Zuständigkeiten an dieser Aufgabe mit.“[40] Und weiter in §1 Abs. 3: „Die Maßnahmen müssen die Strukturverbesserung in den Verdichtungsräumen, die Verdichtung von Wohn- und Arbeitsstätten im Zuge von Entwicklungsschwerpunkten außerhalb der Verdichtungsräume, insbesondere in den hinter der allgemeinen Entwicklung zurückgebliebenen Gebiete zum Gegenstand haben.“[41]

Ein weiterer Aspekt zum Nutzen der Städte war das Europäische Denkmalschutzjahr 1975 unter dem Motto „Eine Zukunft für unsere Vergangenheit“[42], das einen Umbruch im Denkmalschutz und in der Denkmalpflege bedeutete und das öffentliche Interesse sowie die Bereitstellung von Fördermitteln zur Folge hatte.[43] Hinzu kam, dass der Denkmalschutz „ein wichtiger Baustein für die Stadtentwicklung, die Attraktivität und spezifische Eigenheit eines Standorts“[44] wurde. Der entstehende Prozess wurde dadurch verstärkt, dass „auf Bundesebene durch die Einführung steuerlicher Abschreibungsmöglichkeiten für Altbauten [...] und ab 1978 durch Erlass des Wohnungsmodernisierungs- und Energieeinsparungsgesetzes nunmehr

---

38 Vgl. H. Heineberg, (2006), S. 130
39 Vgl. ebd., S. 134
40 S. BGBl, Jg. 1971, Teil I, S. 1127
41 S. ebd.
42 Vgl. H. Heineberg, (2006), S. 134
43 Vgl. http://www.uni-bamberg.de/?id=15002
44 S. http://www.hessen.de (Vollständiger Link in den Internetquellen.)

einfache Modernisierungsmaßnahmen förderungsfähig waren."[45] Diese Verbesserung der Bausubstanz und Lebensqualität führte aber auch zur Beschleunigung von Gentrifizierungsprozessen, da einkommensstärkere Schichten ihren Weg in sanierte Altbauten fanden.[46]

3.3 Phasen der Gentrifizierung

In städtischen Wohngebieten kommt es immer wieder zu einem Wandel. Dabei verändern sich die Bausubstanz, die Personen im Stadtteil oder die Form der Nutzung der Gebäude. Friedrichs unterscheidet zwei Modelle des Wandels.

Im „Invasions-Sukzessions-Zyklus"-Modell wird davon ausgegangen, dass in einem Stadtteil nur eine Bevölkerungsgruppe lebt, bis eine andere Gruppe in das Quartier eindringt, allmählich die leerstehenden Wohnungen anmietet und letztendlich die größere Gruppe im Stadtteil darstellt. Der Prozess wird dadurch gefördert, dass die ursprünglich im Wohngebiet lebende Gruppierung nach und nach wegzieht, um ein Leben in der Nachbarschaft mit den „Eindringlingen" zu vermeiden. „Fast alle Studien, die sich dieses Modells bedienten, richteten sich auf die Sukzession durch eine statusniedrigere Bevölkerungsgruppe, meist auf das Eindringen einer statusniedrigen ethnischen Minorität."[47]

Der umgekehrte Fall beschreibt den Einzug einer statushöheren Bevölkerungsgruppe in einen Stadtteil oder ein Wohngebiet, das zuvor von einer statusniedrigeren Gruppe bewohnt wurde. Dabei kann die Erneuerung des Wohngebietes auf zwei Arten ablaufen. Zum einen durch die Modernisierung durch die Privateigentümer, die ihre Wohnanlagen für neue Zielgruppen attraktiv machen wollen, zum anderen durch den Einzug der statushöheren Gruppierung. Die erste Form wird als „incumbent upgrading", die zweite als „gentrification" bezeichnet.[48]

---

[45] S. H. Heineberg, (2006), S. 134
[46] Vgl. ebd.
[47] s. J. Friedrichs, in H. Häußermann, (1998), S. 58
[48] Vgl. ebd., S. 57f

3. Gentrifizierung

Erstmals wurde der Gentrifizierungsprozess für die Beschreibung der Entwicklung nordamerikanischer und kanadischer Städte im Jahr 1986 verwendet. Seitdem wurden zahlreiche Studien über Gentrifizierung in verschiedenen Ländern durchgeführt. Friedrichs beruft sich bei der Einteilung der Gentrifizierung in vier Phasen auf die ursprüngliche Darstellung nach Clay aus dem Jahr 1979, die von ihm systematisiert wurde. Demnach findet Gentrifizierung in Wohngebieten statt, die folgende Merkmale in Kombination aufweisen: „Nahe dem Stadtzentrum gelegen, [...] schlechter Zustand der Gebäude, niedrige Bodenpreise und niedrige Mieten, statusniedrige Bewohner, in einigen Fällen ist das Wohngebiet für Sanierungsmaßnahmen vorgesehen oder bereits ein förmlich festgelegtes Sanierungsgebiet.“[49]

In der ersten Phase der Gentrifizierung ziehen laut Friedrichs Haushalte in das Wohngebiet ein, die einen höheren Status haben, als die bisher dort lebenden Bewohner. Die neu hinzuziehenden Haushalte weisen ein niedriges Einkommen auf, suchen Kontakt zu örtlichen Einrichtungen aus den Bereichen Gaststätten oder Kultur und die Nähe zu ihren Arbeitsplätzen im Bereich der Innenstadt. Sie bevorzugen die „bunte Mischung“ ihrer Wohnsituation und sind bereit, für geringe Mieten den Zustand der Wohnungen in Kauf zu nehmen.

Die so genannten Pioniere, vornehmlich Studenten und Künstler, verändern durch ihre Anwesenheit das Bild des Wohngebietes. Es kommt zu ersten kleinen Veränderungen und Modernisierungen, die aber die Mieten und Bodenpreise noch nicht beeinflussen. Eine Verdrängung der „alten“ Bewohner findet nicht statt, da die Pioniere zunächst den freien oder frei werdenden Wohnraum beziehen.

In der zweiten Phase ziehen neben weiteren Pionieren die so genannten Gentrifier in das Wohngebiet ein. Bei ihnen handelt es sich um Haushalte mit höheren Bildungsabschlüssen, daraus resultierend höheren Einkommen und einer geringeren Risikobereitschaft. Die Gentrifier warten, bis sich das Wohngebiet positiv entwickelt, bevor sie einziehen, da sie an einer qualitativ guten Wohngegend interessiert sind und demnach auch Bereitschaft zeigen, mehr in ihre Wohnung zu investieren. Für den Stadtteil bedeutet dieser Zuzug eine Verbesserung der Dienstleistungen und der Gastronomie, die sich der neuen Zielgruppe annehmen. Der Bekanntheitsgrad und die Wahrnehmung des Wohngebietes (auch in den Medien) steigen und lockt Investoren und Makler an. Die Steigerung der Attraktivität führt zudem dazu, dass

---

[49] s. ebd., S. 59

Banken in der Umgebung eher bereit sind, Kredite zu vergeben, die Modernisierungen nehmen zu und die Grundstückspreise und Mieten steigen. Die verstärkte Nachfrage nach den Wohnungen und die damit einhergehende Steigerung der Mieten (besonders nach Modernisierungsmaßnahmen) führen dazu, dass die ursprünglichen Haushalte ausziehen.

Mit der dritten Phase beginnt die eigentliche Gentrifizierung. Das Wohngebiet blüht auf unter dem Zuzug von immer mehr Gentrifiern und die Veränderungen im Stadtteil werden von allen Bewohnern wahrgenommen. Die meisten sehen in der Veränderung einen vorteilhaften Effekt und sind dem Wandel gegenüber positiv eingestellt. Die Pioniere hingegen lehnen den Wandel und die immer stärkere Präsenz in den Medien ab. Sie vermissen die „bunte Mischung“, die den Stadtteil vorher ausgemacht hat und verurteilen die „Zunahme gut verdienender Haushalte (in einigen Studien als Schicki-Micki bezeichnet).“[50] Im Wohngebiet können dadurch Konflikte entstehen, die auch in organisiertem Widerstand gipfeln können.

Der Aufwertungsprozess erreicht in dieser Phase besonders die Investoren. Kredite sind besonders leicht zu erhalten und Spekulanten setzen auf die Umwandlung von Mietwohnungen in Eigentumswohnungen. Der Wert von Wohnungen, Büros und Läden steigt an. Für die Bewohner anderer Stadtteile wird das Quartier ebenfalls interessant. Die Läden wechseln ihre Besitzer und werden modernisiert, „aus dem Friseur-Salon wird nun Hairways.“[51] Die ursprünglichen Bewohner verlassen das Gebiet hauptsächlich aus zwei Gründen. Zum einen sind sie nicht mehr in der Lage die geforderten Mieten zu zahlen, zum anderen sind sie nicht einverstanden mit dem Wandel, den das Gebiet erlebt. Selbiges gilt für die Pioniere, die zudem auf Lebensstile treffen, mit denen sie nicht einverstanden sind.

Die vierte Phase wird bestimmt vom Zuzug der Haushalte von Gentrifiern mit höheren Einkommen als die Gentrifier der dritten Phase. Diese Gruppe ist nicht bereit ein Risiko einzugehen und will Wohnungen mieten oder kaufen. Dies führt im Wohngebiet dazu, dass die Wohnungen zu einer Kapitalanlage werden, in die es sich zu investieren lohnt. Immer mehr Wohnungen werden modernisiert und in Eigentumswohnungen umgewandelt.

---

[50] s. ebd., S. 60
[51] s. ebd.

3. Gentrifizierung

Das Image des Wohngebietes hat sich demnach komplett gewandelt. Die Dienstleistungen und Geschäfte häufen sich, um die Nachfrage der Bewohner, aber auch der Gäste von außerhalb gerecht werden zu können. Das hat zur Folge, dass das Gebiet über die eigenen Stadtgrenzen hinaus bekannt wird.

Für die Pioniere und die Gentrifier der ersten Generation bedeutet dieser Wandel, dass sie mit ihrem Lebensstandard in diesem Gebiet nicht weiter leben können. Die Pioniere, die durch ihr Eindringen für eine Aufwertung des Stadtteils gesorgt hatten, fallen diesem Aufwertungsprozess letztendlich zum Opfer.

Ein weiterer Aspekt, der zur Gentrifizierung führen kann, ist der der „tertiären Nutzung", bei dem der Neubau eines Bürogebäudes in einem Stadtteil für eine Steigerung der Mieten und Bodenpreise sorgen kann. In diesem Fall ziehen „weniger Pioniere, sondern fast ausschließlich Gentrifier in das Wohnviertel ein."[52],[53]

[52] s. ebd., S. 62
[53] Vgl. ebd., S. 59ff

Der Vinetaplatz im Zentrum des Stadtteils Gaarden.

4. Kiel-Gaarden

Am Ostufer der Kieler Förde befindet sich der Stadtteil Gaarden. 1901 in die Stadt Kiel eingemeindet, war er immer schon geprägt von den Werften und damit von der Arbeiterkultur. Der Stadtteil fügt sich in einen „grünen Gürtel“ ein und ist in drei wesentliche Bereiche aufgeteilt: das Werftgelände westlich der Werftstraße, die Wohngebiete Richtung Osten bis zum Ostring sowie den Naherholungsbereich östlich des Ostrings.

Die jüngere Geschichte Gaardens ist geprägt vom Schiffbau und den damit verbundenen Umständen. Von der Ernennung zum Reichskriegshafen im Jahr 1871 bis zur Werftenkrise der 1980er Jahre und darüber hinaus ist Gaarden ein Wohnviertel mit besonderer Architektur, eigenwilliger Struktur und dem Flair eines Arbeiterviertels, aber auch ein Viertel für Geringverdiener, so genannte Abgehängte und Empfänger von Transferleistungen.

Im folgenden Kapitel soll die Geschichte des Stadtteils seit der Ernennung zum Reichskriegshafen bis heute kurz erläutert werden. War Gaarden lange Zeit Schauplatz eines prosperierenden Schiffbaus und ein Wohnplatz für Arbeiter und deren Familien, veränderte sich mit dem Niedergang dieses Industriezweigs die Sozialstruktur erheblich.

4. Kiel-Gaarden

4.1 Kiel, die Werften und Gaarden – ein historischer Überblick

Im Jahr 1871 wurde Kiel im neu gegründeten Deutschen Reich neben Wilhelmshaven zum Reichskriegshafen ernannt. Die Entwicklung der Marine bestimmte fortan das Stadtbild, besonders durch Wachstum, aber auch durch Stagnation oder Krisen der Marine wurde Kiel beeinflusst. Während das preußische Heer auf eine lange Tradition zurück blickte, musste sich die Schifffahrt neu etablieren. Kiel durchlebte zum Ende des 19. Jahrhunderts deshalb eine Entwicklung, für die andere Städte ein Jahrhundert benötigten. Zählte Kiel im Jahr 1867 noch 24.167 Einwohner, hatte sich die Bevölkerung im Jahr 1885 mit 51.706 bereits verdoppelt. Mit 107.977 Einwohnern wurde Kiel im Jahr 1900 zur Großstadt, im Jahr 1914 betrug die Einwohnerzahl 225.161. „Teilt man die Zeit zwischen 1840 und 1914 in drei etwa gleichgroße Zeiträume ein, so nahm die Bevölkerung zwischen 1840 und 1864 um 52% zu, zwischen 1864 und 1890 um etwa 245% und zwischen 1890 und 1914 um etwa 195%."[54]

Diese rasante Steigerung der Bevölkerungszahlen hatte zwei Gründe. Zum einen kam es zu Zuwanderungen, wenn die Marine besondere Bau- und Entwicklungsphasen erlebte, zum anderen wuchs die Stadt auch in ihrer Fläche durch verschiedene Eingemeindungen.[55] Zu den Eingemeindungen kam es, weil durch die Vergrößerung der umliegenden Ortschaften die Grenzen zu Kiel nicht mehr eindeutig zu erkennen waren. Zudem entstanden durch die Zuströme infrastrukturelle Probleme, die nur überregional zu lösen waren. Ein weiterer Aspekt war, dass die Konkurrenz zwischen der Stadt Kiel und den umliegenden Gemeinden über die Steuer- und Gewerbepolitik so groß war, dass man sich dafür einsetzte, einheitliche Regelungen zu treffen.[56]

Die Infrastruktur am Ostufer der Kieler Förde wurde Ende des 19. Jahrhunderts, Anfang des 20. Jahrhunderts von drei großen Werften – die Kaiserliche Werft, die Howaldtswerke sowie die Germaniawerft – bestimmt. In Gaarden, Ellerbek und Wellingdorf wuchsen die Arbeiterviertel heran und überforderten die kleinen Gemeinden bei der Erfüllung ihrer kommunalen Aufgaben. Nachdem das Reichsmarineamt im Jahr 1901 einen Zuschuss in Höhe des Steuerbetrages für die Kaiserliche Werft (die keine Kommunalsteuer zu zahlen hatte) zugesagt hatte, schloss sich

---

54 s. P. Wulf, in J. Jensen, P. Wulf, (1991), S. 208
55 Vgl. ebd., S. 207ff
56 Vgl. ebd., S. 213

Gaarden/Kreis Plön der Stadt Kiel an. Im Jahr 1910 folgten die Gemeinden Wellingdorf, Ellerbek und Gaarden/Kreis Bordesholm.[57]

In Kiel beherrschten die Bereiche Industrie und Gewerbe die wirtschaftliche Struktur der Stadt. Mit der Ernennung zum Reichskriegshafen kamen Behörden und Dienststellen hinzu. Durch die Gründung der Werften blieb der Großteil der Erwerbstätigen, meist auch die Familienangehörigen, in der Industrie tätig. „Wurde die Stadt zahlenmäßig durch die Arbeiter geprägt, so war die gesellschaftliche Ausrichtung durch die Marine bestimmt. Die Rangordnung der Marine [...] bestimmte auch die gesellschaftliche Stellung. Das Bürgertum der Stadt reihte sich bereitwillig in diese gesellschaftliche Rangordnung ein, stand aber in seiner Mehrheit nur am unteren Ende dieser Ordnung."[58]

Mit dem Zuwachs der Bevölkerung wuchs zunehmend die Zahl der einkommensschwachen Gruppen wie Dienstboten oder Hilfsarbeiter und auch die Armenfürsorge spielte eine Rolle. Nach 1871 von der Stadt übernommen, gab es Selbsthilfeverbände, die sich um die Armen kümmerten. Entweder, indem sie sie in Armenhäusern aufnahmen oder in dem sie die Betroffenen mit finanziellen und naturellen Gütern versorgten. Bei den Betroffenen handelte es sich meist um Menschen, die nicht in der Lage waren, sich selbst zu versorgen, wenn der Haupternährer verstorben oder aus anderen Gründen nicht bei der Familie war. Zur Versorgung der bedürftigen Menschen gründete sich 1889 die „Vereinsbäckerei Gaarden", in der für wenig Geld nahrhaftes Essen erworben werden konnte.[59]

Die Kieler Bürger wurden vom Beginn des Ersten Weltkrieges überrascht. Nachdem das Deutsche Reich am 31. Juli 1914 Russland den Krieg erklärt hatte, wurde in der Stadt alles auf den Krieg vorbereitet und umgestellt. Die Stadt stand unter Kriegsrecht. Alle Lebensbereiche, von der Versorgung mit Nahrungsmitteln über das Abhalten von „Notprüfungen" an der Universität bis zu den ersten Todesanzeigen im August in den Kieler Zeitungen wurden erfasst. Die Werftmitarbeiter versuchte man mit Sonderzuteilungen zu mehr Leistung anzuhalten, andere Bevölkerungsgruppen hatten unter den harten Wintern und der Lebensmittelknappheit zu leiden. Im Jahr 1916 kam es zu ersten Protesten und die Arbeiter der Germaniawerft legten die Arbeit nieder. Ein Jahr später streikten in den Werften am Ostufer sowie in

[57] Vgl. ebd., S. 214f
[58] Vgl. ebd., S. 245
[59] Vgl. ebd., S. 246

Friedrichsort etwa 17.000 Beschäftigte. Auch wenn die ersten Proteste nicht lange anhielten, zeigten sie, wie viele Bevölkerungsschichten letztendlich unter den Bedingungen litten. Erst die Bereitschaft der Marine und der Arbeiter im Oktober und November 1918, sich gemeinsam für das Ende des Ersten Weltkrieges einzusetzen, führte zur Revolution.[60]

Nach dem Ende des Ersten Weltkriegs und dem Friedensvertrag von 1919 hatte die Stadt Kiel mit den Schwierigkeiten einer vormals kriegslastigen Industrie zu kämpfen. Viele Einwohner, besonders Angehörige des Militärs, wanderten ab. Die Zuwanderung der zivilen Bevölkerung führte zu einem Wandel in der Infrastruktur: Weg vom Militär, hin zum zivilen Sektor. Innerstädtisch verließen die Bewohner die Ballungsgebiete „um den Exerzierplatz, die Brunswik, Gaarden-Ost und um den Südfriedhof“[61] und zogen in die Alt- und Vorstadt. Auch in der Zeit von 1918 bis 1933 wuchs die Bevölkerung Kiels stetig, aber nicht mehr so stark wie im 19. Jahrhundert.[62]

In den ersten Jahren nach dem Krieg gab es in Kiel Überlegungen, die Lage der Stadt in einem agrarwirtschaftlich nutzbaren Gebiet in die neuen Planungen mit einzubeziehen. Zudem sollte die zivile Schifffahrt in Handel und Verkehr und im Besonderen die Nähe zum Kaiser-Wilhelm-Kanal (heute Nord-Ostsee-Kanal, Anm. des Verfassers) genutzt werden. Die Inflation Mitte der 1920er Jahre traf in Kiel besonders die Werften. Nachdem neue Technologien und Wiederaufbau den Werften und der Zuliefererindustrie Aufträge verschafft hatten, brach nach Weltwährungskrise und Inflation und dem Auslauf des Schiffbauprogramms im Sommer 1925 der Aufschwung wieder in sich zusammen. „Um die Jahreswende 1926/27 übersprang die Zahl der Arbeitslosen in Kiel die 15.000er-Grenze, sank dann bis 1928 durch Personalanpassung und einige neue Aufträge auf die Hälfte ab, um dann mit der beginnenden Weltwirtschaftskrise im Jahre 1930 erneut die 15.000er-Marke zu erreichen.“[63]

Durch die Weltwirtschaftskrise wurde Kiel zu einem sozialen Notfall. Dieser Umstand hing damit zusammen, dass es neben dem Schiffbau in Kiel kaum einen anderen Wirtschaftszweig gab, der diesen Zusammenbruch hätte auffangen kön-

[60] Vgl. ebd., S. 268ff
[61] S. P. Wulf, in J. Jensen, P. Wulf, (1991), S. 304
[62] Vgl. ebd., S. 304f
[63] Vgl. ebd., S. 329

nen. Auf dem Ostufer befanden sich Werften wie die „Kruppsche Germaniawerft“, die auch der Krise 1925/26 zum Opfer fiel, 1927 durch Auslandsaufträge wieder auf 4.000 Beschäftigte kam, aber im Jahr 1931 wieder erhebliche Verluste erlitt, oder die „Howaldtswerke AG“, die in ihrer schlimmsten Zeit Ende der 1920er Jahre nur 300 Arbeiter beschäftigte. Im Winter 1932/33 erreichte die Arbeitslosigkeit in Kiel mit 28.500 ihren höchsten Stand. Der Arbeitskampf in den Kieler Werften gipfelte 1924 und 1928 in den Werksaussperrungen, bei denen mehrere tausend Arbeiter ohne Lohn blieben.[64]

Im Rahmen der deutschen Wiederaufrüstung unter der Herrschaft der Nationalsozialisten ab 1933 entwickelte sich die Werftindustrie weiter. Dabei standen die Aufrüstung und die Bereitstellung von Kriegsmaterial für die weiteren Pläne im Vordergrund. Der Vorgang, dem sich die Stadt unterzog, erinnerte an das Jahr 1871.
Kiel wurde zur Reichsmarinestadt ernannt und das Leben wurde wieder vom Kriegsschiffbau, der Marine und den damit verbundenen Bedürfnissen bestimmt. Ebenso wurden die Pläne, Kiel im zivilen Schiffbau und im Handel zu etablieren, wieder aufgegeben.

Diese für den Arbeitsmarkt positive Entwicklung hielt bis in die ersten Jahre des Zweiten Weltkriegs, der 1939 begonnen hatte, an. Mit Beginn der Bombardierungen durch die Alliierten im Verlauf des Krieges wurde das Leben in Kiel immer stärker beeinträchtigt. Die Infrastruktur wurde weitestgehend zerstört, „schließlich wurde die Fortführung des wirtschaftlichen und sozialen Lebens immer mehr ein einziges System an Aushilfen.“[65] Die Nationalsozialisten hatten auch während der Luftangriffe weiterhin die Steigerung der Rüstungsproduktion im Sinn, „am Ende blieben auf den Werften und in weiten Teilen der Stadt nur Trümmer und Ruinen.“[66]
„Von den Kieler Wohngebäuden waren bei Kriegsende 35% zerstört, 40% beschädigt und vielfach nicht wieder aufzubauen, während 25% unbeschädigt waren. [...] Auf dem Ostufer waren in einem breiten Streifen entlang der Förde vor allem die Werften bis an die Stadtgrenze nach Mönkeberg betroffen.“[67]

---

[64] Vgl. ebd., S. 327ff
[65] S. P. Wulf, in J. Jensen, P. Wulf, (1991), S. 376
[66] s. ebd., S. 380
[67] s. ebd., S. 399

4. Kiel-Gaarden

Nach dem Zweiten Weltkrieg ging es Kiel und seiner Bevölkerung schlecht. Die Stadt war gezeichnet von dem dunkelsten Kapitel der deutschen Geschichte, der Aufnahme vieler Flüchtlinge und der Umstrukturierung ihrer Industrie von einer kriegerischen in eine friedliche. Das „Bemühen um eine umfassende Neubesinnung abseits nationalsozialistischer Überheblichkeit stand [...] als Riesenaufgabe [...] vor einer hungernden, verarmten und enttäuschten Einwohnerschaft, die nicht mehr auf die Hilfe des Reiches hoffen konnte und sich zudem mit einer Besatzungsmacht abfinden mußte, die als Seemacht der ‚Kriegsmarinestadt' des deutschen Konkurrenten ohnehin nicht sonderlich gewogen sein würde.“[68] Um zu verhindern, dass sich Kiel wieder zum Kriegshafen entwickelt, wurde nach dem Zweiten Weltkrieg das Ostufer von der britischen Besatzungsmacht blockiert und die Werftgelände gesperrt. Ziel war die Zerstörung der Werftanlagen, um die Friedensindustrie in Kiel gänzlich voranzutreiben. Obwohl es durch die verheerenden Zerstörungen genug Arbeit und Bedarf gab, litt die Stadt bis 1950 unter ihrer größten wirtschaftlichen Krise. Aufgrund von Zerstörung und Sperrung des Ostufers und ehemaliger Rüstungsindustrie verlor die Stadt etwa 40.000 Arbeitsplätze. Erst im Jahr 1951 wurden den Howaldtswerken als letzter verbliebenen Werft am Ostufer, nachdem zuvor nur Reparaturen ausländischer Schiffe oder an verbliebenen Minenräumern der Kriegsmarine ausgeführt werden durften, die Schiffsbaubeschränkungen erlassen.[69]

Unter der Leitung des Gaardeners Adolf Westfal wurden die Howaldtswerke zwischen 1958 und 1962 zur größten Werft der Welt. 1966 schlossen sich die Salzgitter AG, in die die Howaldtswerke Kiel und Hamburg vom Bund eingebracht wurden, die Gutehoffnungshütte und die AEG zur „Howaldtswerke Deutsche Werft AG“ (HDW) zusammen. Im Zuge weiterer Verhandlungen wurde der Großschiffbau nach Kiel verlegt.[70]

Durch die Entwicklung größerer Schiffe im Transportwesen, insbesondere die Entwicklung von Tankern in den 1960er Jahren, wuchsen die Anforderungen an die Gaardener Werft. Um mit anderen internationalen Unternehmen mithalten zu können, wurde die Werft um zwei Trockendocks sowie die beiden Bockkräne erweitert, die „in ihrer Größe und Form neue Wahrzeichen Kiels“[71] wurden. In der Mitte der 1960er Jahre erlebte die HDW einen schnellen Aufstieg und wurde zu einer der führenden Werften in Europa. Mit dem Beginn der Schiffbaukrise musste das Unter-

---

[68] s. H. Grieser, in ebd., S. 401
[69] Vgl. ebd., S. 426ff
[70] Vgl. ebd., S. 430f
[71] S. Kieler Geographische Schriften, (1983), Band 58, S. 88

nehmen einige Rückschläge hinnehmen, die die Beschäftigungszahlen bis zu Beginn der 1980er Jahre stetig sinken ließen.[72]

Zum Ende der 1980er Jahren haben sich sowohl die wirtschaftlichen als auch die sozialen Bedingungen bedeutend verändert. Große strukturelle Veränderungen wurden gefördert und beschleunigt durch die sich immer schneller entwickelnde Globalisierung, dem „Wandel von der Industrie- zur Dienstleistungs- und Informationsgesellschaft“ sowie durch den „Zusammenbruch der sozialistischen Staaten des ehemaligen Ostblocks“.[73] Die Reaktion auf diesen Wandel waren wachsende Arbeitslosigkeit und ein gesellschaftlicher Wertewandel, die eine deutliche sozialräumliche Trennung von Arm und Reich zur Folge hatte. Neben den traditionellen Arbeitervierteln auf dem Ostufer konzentrierten sich die sozialräumlichen Probleme in Kiel am Westufer im Stadtteil Mettenhof. Der Stadtteil Gaarden ist mit seiner Werftindustrie am meisten von allen Stadtteilen vom Strukturwandel betroffen.[74]

Der Kieler Stadtteil Gaarden, insbesondere der Stadtteil Gaarden-Ost, steht für einen Stadtteil mit einem hohen Anteil von Menschen mit Migrationshintergrund, für eine sozial schwache Bevölkerung und einen geringen Lebensstandard.
Der Stadtteil grenzt sich von den Kieler Stadtteilen am Westufer durch die Hörn und die südlich davon verlaufenden Bahnanlagen ab. Auf der Ostseite bilden der Volkspark, die Katzheide und das Langseebecken die Abgrenzung zu den Stadtteilen Ellerbek und Elmschenhagen.[75] Die nördliche Grenze des Stadtteils verläuft an der Wasserfläche, im Süden grenzt Gaarden-Ost an die Bundesstraße 76.[76] Die auf dem Ostufer gelegenen Werftanlagen und die auf einer Anhöhe errichteten Gebäude prägen das Stadtbild, „Ausnahmen bilden das Altenheim an der Hügelstraße und das Postgebäude. Beide Punkthochhäuser werden aber in ihrer Wirkung durch die vorgelagerten Krananlagen abgeschwächt.“[77]

---

[72] Vgl. ebd., S. 87f
[73] s. Integriertes Handlungskonzept LH Kiel, (2003), S. 4
[74] Vgl. ebd., S. 4f
[75] Vgl. Rahmenplanung Kiel Gaarden, (1984), S. 55
[76] Vgl. GEWOS, Ergänzender Bericht zum Kieler Wohnungsmarktkonzept, (2008), S. 3
[77] s. Rahmenplanung Kiel Gaarden, (1984), S. 55

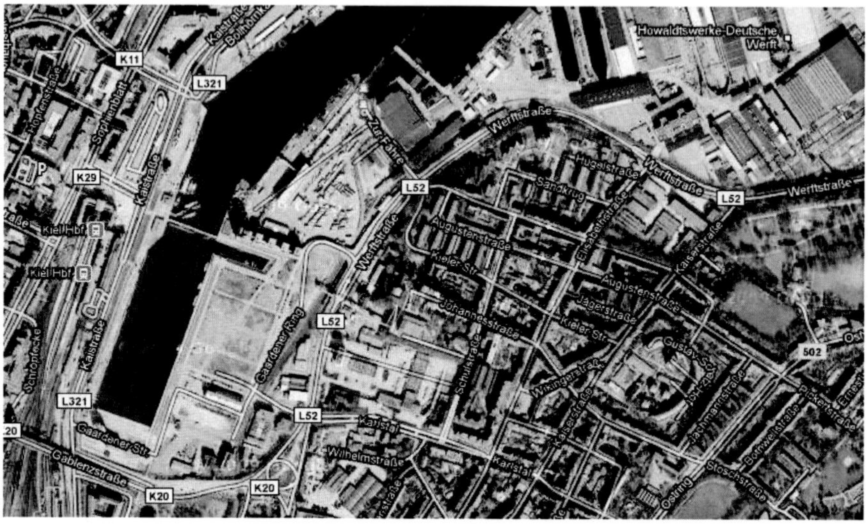

Luftbildansicht von Gaarden-Ost. Quelle: Google Maps.

Um die Verbindung zwischen dem West- und dem Ostufer zu fördern, wurde im Jahr 1997 die „Dreifeld-Zug-Klappbrücke“ über die Hörn fertiggestellt.[78] Die Aussicht auf Ansiedlung von Unternehmen im Bereich der Hörn und der zunehmende Lastverkehr durch den Ausbau des Ostuferhafens führten dazu, für Fußgänger die Verbindung zwischen Westufer und Ostufer weiter auszubauen. Durch den Bau der „Gaardener Brücke“ im Jahr 2001 wurden das Hörngebiet mit dem Stadtteil Gaarden verbunden[79] und ein Beitrag zur ökologischen und verkehrstechnischen Entlastung geleistet[80] Die Bebauung Gaardens ist geprägt vom Mietwohnungsbau, die sich in verschiedene Bereiche und Erscheinungsbilder, der Entstehungszeit gemäß, gliedert. An der Straße Zum Brook findet man eine landhausartige Bebauung, der nördliche Bereich der Schulstraße ist von früher gründerzeitlicher Bebauung geprägt. Im Gebiet der Iltisstraße und im Bereich des Vinetaplatzes befinden sich Miethäuser im gründerzeitlichen Stil und im Gebiet um die Bielenbergstraße und des Ostrings finden sich die Werkswohnungen, die in den 1930er Jahren errichtet wurden. Die im Gebiet nördlich der Schulstraße errichteten Gebäude sind geprägt vom Sozialen Wohnungsbau der 1950er Jahre.[81]

---

78 Vgl. de.structurae.de/structures/data/index.cfm?id=s0000604
79 Vgl. www.kiel.de/touristik/kiel_erkunden/gruene_wege/station.php?x=135
80 Vgl. Urban II, Ergänzendes Programmplanungsdokument, 2006, S. 10
81 Vgl. Rahmenplanung Kiel Gaarden, (1984), S. 55

Bei der gründerzeitlichen Bebauung handelt es sich um „eine geschlossene Blockrandbebauung, einheitliche Gebäudehöhen [...] und Gebäudebreiten, karger enger Straßenraum, rechtwinklig aufeinander stoßende Straßen sind die Grundelemente des Straßenbildes. [...] Neben dem Mietwohnungsbau der Jahrhundertwende übernimmt der Werkswohnungsbau der 30er Jahre im Stadtbild die wichtigste Rolle. [...] Wiederkehrende Gestaltmerkmale und einheitliche Materialanwendung [...] sowie intensive Durchgrünung beherrschen das Erscheinungsbild."[82]

4.2 Die Struktur Gaardens nach dem Zweiten Weltkrieg

Die räumliche Struktur wurde nach dem Zweiten Weltkrieg wieder so aufgebaut wie sie vorher bereits bestanden hatte. Der Sportplatz, die Kleingärten und das Schwimmbad Katzheide östlich des Ostrings erfüllen die Naherholungsfunktion. Östlich der Werftstraße, die als „Hauptnordsüdstrukturlinie"[83] bezeichnet wird, befindet sich mit der Elisabethstraße und dem Vinetaplatz als Geschäftszentrum das Wohngebiet; westlich der Werftstraße hat sich die Industrie angesiedelt.

Im Bericht der Sanierungs- und Entwicklungsgesellschaft Schleswig-Holstein aus dem Jahr 1973 heißt es zum Stadtteil: „Die räumliche Struktur des Untersuchungsgebietes wird bestimmt von enger Bebauung [...], hoher Ausnutzung [...] und wenig Freiflächen. Die überalterte Bausubstanz weist z. T. erhebliche Mängel auf, insgesamt ist die bauliche Situation gekennzeichnet durch schlechten konstruktiven Zustand und unzureichende technische Ausstattung der Gebäude sowie ungenügenden Grundrißzuschnitt vieler Wohnungen. Die Hälfte aller Hauptgebäude weist mittlere Mängel auf und ist nur mit erheblichem Aufwand zu modernisieren."[84] Der Abriss von Gebäuden sei aber nur in einem kleinen Bereich in der Nähe des Vinetaplatzes, der Elisabethstraße und dem Karlstal notwendig gewesen. Neben vielen städtebaulichen Mängeln weist die Gesellschaft zudem auf die Problematik des Durchgangsverkehrs sowie die fehlenden Park- und Stellflächen hin. Weiter heißt es: „Die durch unzureichende Wohn- und Lebensverhältnisse bedingten selektiven Mobilitätsprozesse haben zu einer Konzentration sozial schwacher Bevölkerungsgruppen und zu einer Verzerrung der demographischen Struktur geführt. In den Baublöcken mit der ältesten Bausubstanz konzentrieren sich ausländische Arbeit-

[82] s. ebd., S. 55f

[83] S. ebd.

[84] S. Sanierungs- und Entwicklungsgesellschaft Schleswig-Holstein, 1973, S. 16ff in Kieler Geographische Schriften, (1983), Band 58, S. 91

nehmer mit ihren Familien."[85] Die demographische Struktur ist gezeichnet von alleinstehenden, älteren und weiblichen Bewohnern. Ihnen gegenüber stehen in jüngster Zeit hinzugezogene junge Alleinstehende und Ehepaare ohne Kinder, die den preiswerten Wohnraum in Gaarden übergangsweise auf der Suche nach einer besseren Wohnung nutzen.

Bei der sozialen Struktur handelt es sich um einen hohen Anteil unterer Einkommensgruppen mit durchschnittlich geringem Ausbildungs- und Qualifikationsniveau. Im Stadtteil dominieren neben Rentnern und Sozialhilfeempfängern gelernte und ungelernte Arbeiter sowie Facharbeiter. „Rechnete man die Arbeiter, einfachen Angestellten und Hausfrauen, die fast ausschließlich aus Arbeiterfamilien stammen, zusammen, so bilden diese Gruppen vier Fünftel aller Haushaltungsvorstände. In äußerst schwierigen Verhältnissen leben vor allem nicht erwerbstätige, meist einkommensschwache Familien mit Kindern."[86]

„Aufgrund der minderwertigen Ausstattungen der Wohnungen und der geringen Wohnungsgröße betrug der Mietpreis pro Quadratmeter im Jahr 1974 2,74 DM. [...] im Hinblick auf eine mögliche Verbesserung der Wohnsituation durch einen Wohnstandortwechsel oder durch eine Modernisierung der Wohnung und die damit zwangsläufig verbundene Erhöhung der Wohnungsmiete ist jedoch zu berücksichtigen, daß bei einem großen Teil der Bewohner die Grenze zumutbarer Mietbelastung infolge ihres geringen Einkommens bereits erreicht ist."[87]

Trotzdem zeigt der Druck, sich den gegebenen Wohnbedingungen anzupassen, ein besonderes Beurteilungsvermögen. Die Bewohner Gaardens, insbesondere die Angehörigen einkommensschwacher Haushalte, die schon länger im Stadtteil wohnen, sind bereit, sich an die gegebenen Bedingungen anzupassen. Dabei werden die Makel „durch die lange Wohndauer, die Vertrautheit mit der sozialen und materiellen Umwelt, die billige Wohnungsmiete, die Nähe zum Arbeitsplatz, die engen personalen Bindungen zu Bekannten im Haus und in der Nachbarschaft und durch die starke emotionale Bindung an das Viertel"[88] ausgeglichen.

Ende der 1980er Jahre wurde von der Europäischen Union das „Quartiers en Cri-

---

85 S. Kieler Geographische Schriften, (1983), Band 58, S. 92
86 S. ebd.
87 S. ebd., S. 93
88 S. ebd., S. 94

se"-Netzwerk gegründet. In diesem Programm wurden zehn Städte in Nordeuropa finanziell unterstützt mit dem Ziel, verschiedene Handlungsweisen zu vergleichen und sich international auszutauschen. Vor dem Hintergrund des „Quartiers en Crise"-Netzwerkes wurde im Jahr 1994 von der Europäischen Union „die Gemeinschaftsinitiative URBAN zur Förderung von Stadtgebieten mit besonderem Entwicklungsbedarf"[89] gegründet, die seit 1997 die Kieler Stadtteile auf dem Ostufer – Wellingdorf, Ellerbek, Gaaden-Ost sowie partiell Gaarden-Süd – mit unterstützt. Dadurch sollte gewährleistet werden, die Probleme im Bereich Soziales, Kultur und Wirtschaft nachhaltig zu unterstützen. Zudem wird der Stadtteil Gaarden seit 2000 durch das Bund-Länder-Programm „Soziale Stadt" gefördert, das sich inhaltlich an den „Grundsätzen der integrierten Stadtentwicklung"[90] orientiert.

In der „Programmkonzeption Soziale Stadt Schleswig-Holstein", herausgegeben vom Ministerium für Frauen, Jugend, Wohnungs- und Städtebau des Landes Schleswig-Holstein aus dem Jahr 1999 heißt es: „Soziale Stadt bezeichnet ein neues stadtpolitisches Handlungsfeld und stadtentwicklungspolitisches Leitbild, das der wachsenden sozialen Polarisierung und sozialräumlichen Ausgrenzung benachteiligter Bevölkerungsgruppen in den Städten und der zunehmenden sozialen Entmischung und Armutsentwicklung in defizitären Stadtteilen und -quartieren entgegengesetzt werden soll."[91] Ziel des „Soziale-Stadt-Programms" ist die Sicherung der Nachhaltigkeit in den Stadtteilen, damit sie es schaffen, ihre Entwicklung selbst zu tragen. Soziale und städtebauliche Missstände sollen reduziert oder ihnen präventiv entgegengetreten werden, auf der Stadtteilebene sollen die „geeigneten Finanz- und Humanressourcen" gebündelt und die Bewohner des Stadtteils aktiviert werden.[92]

Im Jahr 2000 wurde Gaarden auf Antrag der Landeshauptstadt Kiel zudem im Rahmen der Gemeinschaftsinitiative URBAN II als förderungswürdig anerkannt. Im Unterschied zu URBAN I wurde Gaarden-Süd aus dem Programm herausgenommen, stattdessen kamen Teile von Neumühlen-Dietrichsdorf hinzu.[93] Die Ziele des Programms URBAN II sind die „Stärkung des Wirtschaftsstandortes unter ökologischen Aspekten, [die] Förderung der Humanressourcen [und die] Erhöhung der

---

[89] s. Integriertes Handlungskonzept LH Kiel, (2003), S. 4
[90] s. ebd., S. 5
[91] s. http://www.sozialestadt.de/veroeffentlichungen/arbeitspapiere/band3/4_schleswig-holstein-konzeption.pdf, S. 2
[92] Vgl. ebd., S. 2
[93] Vgl. Integriertes Handlungskonzept LH Kiel, (2003), S. 7

Identifikation der Bewohner/innen mit dem Gebiet sowie Verbesserung der Attraktivität, der Funktionalität des sozialen Zusammenlebens."[94]

2010 hatte Gaarden-Ost 16.289 Einwohner[95], von denen 4007 ausländischer Herkunft sind[96]. Die Sozialhilfeaufwendungen der örtlichen und überörtlichen Träger für die Stadt Kiel betrugen im Jahr 2010 118.299.500 Euro. Im Einzelnen wurden sie aufgeteilt in 47% für die Eingliederungshilfe für Menschen mit Behinderung, 23% für die Grundsicherung im Alter und bei Erwerbsminderung, 14% für die Pflege, 11% für die Hilfe zum Lebensunterhalt, 4% für die Hilfe zur Gesundheit sowie 1% für die Hilfe zur Überwindung besonderer sozialer Schwierigkeiten.[97]

In Gaarden-Ost erhielten im Jahr 2010 5.965 Menschen Leistungen nach dem Sozialgesetzbuch II (Grundsicherung für Arbeitsuchende).[98]
2.167 Menschen waren arbeitslos gemeldet, davon 1.589 Deutsche und 576 Ausländer. Insgesamt waren 682 als Langzeitarbeitslose, 58 als Schwerbehinderte, 1.887 als Vollzeit- und 232 als Teilzeitarbeitsuchende gemeldet. Insgesamt waren in Kiel 2010 13.045 Menschen arbeitslos gemeldet.[99]

Die meisten Wohnungen in Kiel gibt es in Gaarden-Ost. Von den 10.385 Wohnungen im Jahr 2010 galten 510 als Einraumwohnungen und 1.447 als Zweiraumwohnungen. 4.771 Wohnungen hatten drei Zimmer, 2.550 vier Zimmer, 505 fünf Zimmer und 100 Wohnungen sechs Zimmer. 58 Wohnungen hatten mehr als sieben Zimmer und 424 waren ohne nähere Angaben. Daraus ergibt sich eine Gesamtwohnfläche von 519.090 Quadratmetern. Zum Vergleich: Mehr Wohnfläche gibt es nur in den Kieler Stadtteilen Wik und Mettenhof. In Wik beträgt sie 650.245 Quadratmeter, bei denen die Vierzimmerwohnungen mit 3.637 von insgesamt 9.705 den größten Anteil stellen. In Mettenhof beträgt die Wohnfläche 635.824 Quadratmeter. Hier sind ebenfalls die Vierzimmerwohnungen mit 3.284 von insgesamt 8.644 die mit der höchsten Ausprägung.[100]

---

94 s. http://www.urban-kiel.de/index.php?id=57
95 Vgl. Statistischer Jahresbericht der Landeshauptstadt Kiel 2010, (2010), S. 21
96 Vgl. ebd., S. 23
97 Vgl. ebd., S. 56
98 Vgl. ebd., S. 58
99 Vgl. ebd., S. 63
100 Vgl. ebd., S. 105

Elisabethstraße/Ecke Karlstal mit Blick Richtung Vinetaplatz.

5. Forschung

Der Verfasser hat sich bei der Anfertigung dieser Studie für eine empirische Arbeit entschieden. Der Diskurs über Gentrifizierung ist allgemein noch sehr jung, besonders über Kiel gab es keine Literatur, die sich im Vorfeld mit dieser Thematik auseinandergesetzt hat. Ein Ziel dieser Studie ist es, einen Beitrag zum Diskurs über Gentrifizierung in Kiel-Gaarden zu leisten und die Thematik aus Sicht der Sozialen Arbeit zu beschreiben.

Im folgenden Kapitel werden zunächst die Forschungsmethoden vorgestellt, um anschließend die Fragestellungen und Interviewpartner sowie grundlegenden Aussagen der Experten in der Extraktion darzustellen.

5.1 Forschungsethik

Gläser und Laudel bezeichnen Ethik als „die Anwendung von Werten auf konkretes menschliches Verhalten"[101]. Der Berufsverband Deutscher Soziologen (BDS) hat, verglichen mit anderen Ländern erst sehr spät, im Jahr 1992, gemeinsam mit einer Ethik-Kommission einen Ethik-Kodex entwickelt. Als Forscher in einem sozialwissenschaftlichen Kontext übernimmt man Verantwortung gegenüber den Menschen, die man befragt und über die man forscht. Die beiden zentralsten Aspekte der Forschungsethik sind folgende:

1. Die Teilnahme an Befragungen muss freiwillig sein, den teilnehmenden Menschen darf kein Schaden entstehen.
2. Gegenüber der Studierendenschaft und den Fachkollegen hat der Forscher die Verantwortung, ehrlich und offen über die Art der Informationsbeschaffung sowie die mögliche Beteiligung Dritter zu berichten.[102]

Der gesamte Ethik-Kodex ist beim Bundesverband Deutscher Soziologen einzusehen.[103]

Im Vorfeld der Befragungen wurden die Interviewpartner darüber informiert, dass die Interviews mit einem Diktiergerät aufgezeichnet werden. Eine weitere Verbreitung der Tondokumente ist nicht vorgesehen.

5.2 Das Experteninterview

„In der Sozialforschung sind qualitative Interviews – teilstandardisierte oder offene Interviews – sehr verbreitet. [...] In der qualitativen Sozialforschung sind ihre Einsatzmöglichkeiten vielfältiger. Qualitative Interviews spielen zum einen eine wichtige Rolle in ethnographischen, auf teilnehmender Beobachtung [...] basierenden Forschungsprojekten. Sie dienen hier u.a. der Ermittlung von Expertenwissen über das jeweilige Forschungsfeld, der Erfassung und Analyse der subjektiven Perspektive der Beobachteten oder Erhebungen zu ihrer Biographie."[104] „Qualitative Interviews sind im Vergleich zu anderen Forschungsverfahren in den Sozialwissen-

---

[101] S. J. Gläser, G. Laudel, (2010), S. 48
[102] Vgl. ebd., S. 49f
[103] S. http://www.bds-soz.de/images/stories/formulare/ethik.pdf
[104] s. U. Flick, E. v. Kardoff, I. Steinke, (2008), S. 349f

schaften besonders eng mit Ansätzen der verstehenden Soziologie[105] verbunden. Durch die Möglichkeit, Situationsdeutungen oder Handlungsmotive in offener Form zu erfragen, Alltagstheorien und Selbstinterpretationen differenziert und offen zu erheben, und durch die Möglichkeit der diskursiven Verständigung über Interpretationen sind mit offenen und teilstandardisierten Interviews wichtige Chancen einer empirischen Umsetzung handlungstheoretischer Konzeptionen [...] gegeben."[106]

„Im Unterschied zu anderen Formen des offenen Interviews bildet bei ExpertInnen-interviews nicht die Gesamtperson den Gegenstand der Analyse, d.h. die Person mit ihren Orientierungen und Einstellungen im Kontext des individuellen oder kollektiven Lebenszusammenhangs. Der Kontext, um den es hier geht, ist ein organisatorischer oder institutioneller Zusammenhang, der mit dem Lebenszusammenhang der darin agierenden Person gerade nicht identisch ist und in dem sie nur einen ‚Faktor' darstellen."[107] Dabei geht es um den Experten, der zu dem betreffenden Handlungsfeld gehört, nicht um Außenstehende, die als Gutachter fungieren. Den Status „Experte" erhält dieser durch den Forscher, der den Experten im Zusammenhang einer bestimmten Fragestellung auswählt. Die Experten repräsentieren „eine zur Zielgruppe komplementäre Handlungseinheit, und die Interviews haben die Aufgabe, Informationen über die Kontextbedingungen des Handelns der Zielgruppe zu liefern."[108] „Mit dem Einsatz von ExpertInneninterviews wird – forschungslogisch – das Interesse verfolgt, Strukturen und Strukturzusammenhänge des ExpertInnen-wissens/handelns zu analysieren.[109]

„Bei Experteninterviews sprechen wir mit Menschen, die entweder im Umgang mit unseren Probanden Erfahrung haben: z.B. Lehrer, Sozialarbeiter, Sportfunktionäre, oder die über unseren Forschungsgegenstand besondere und umfassende Erfahrung haben. Es können deshalb Ärzte, Manager, aber auch Verbrecher als Experten betrachtet werden. Es ist niemals von vornherein feststellbar, wer für unsere Untersuchungsziele als Experte gelten kann. Deshalb sind in der Regel wenig strukturierte Befragungen Voraussetzung zur Identifizierung von Experten."[110]

---

105 Als verstehende Soziologie beschreibt Max Weber „ein methodisches Vorgehen, ‚welche(s)' soziales Handeln deutend verstehen und dadurch in seinem Ablauf und seinen Wirkungen ursächlich erklären will' und für das ‚der Sinnzusammenhang des Handelns Objekt der Erfassung' ist". s. Weber, 1976, in K. Lichtblau, (2006), S. 21

106 s. U. Flick, E. v. Kardoff, I. Steinke, (2008), S. 350

107 s. M. Meuser, N. Nagel, in D. Garz, K. Kraimer, (Hrsg.), (1991), S. 442

108 Vgl. ebd., S. 445

109 s. ebd., S. 447

110 s. P. Atteslander, (2010), 13. Auflage, S. 141

„Historisch ist die Entwicklung von Expertentum eng an die Ausdifferenzierung von Berufsrollen geknüpft. In spätmodernen Gesellschaften wird Expertenwissen in zunehmendem Maße auch in außerberuflichen Kontexten generiert. Das hat zu tun mit [...] der Ausweitung von Partizipationsstrukturen. Aktivisten in Bürgerinitiativen, Hilfeorganisationen und Selbsthilfegruppen, ehrenamtlich Tätige in Fürsorge und Sozialarbeit erwerben durch ihre Tätigkeit ein spezialisiertes Sonderwissen und verfügen damit über einen privilegierten Zugang zu Informationen.
Auch ihre Expertise ist sozial institutionalisiert, wenn auch in anderer Weise als die beruflich gebundene [...].“[111]

5.3 Die Verwendung von Hypothesen in der qualitativen Forschung

Zu Beginn einer quantitativen Untersuchung ist es unvermeidbar, Hypothesen zu formulieren, da einerseits das Wissen des Forschers im Vorfeld aufgezeigt, andererseits an vorhandenes Wissen angeknüpft wird und „zur Integration und Kumulation dieses Wissens beitragen“[112] kann. Ein weiterer Aspekt ist die strikte Phasierung, die die Grundlage für den Forschungsablauf bildet und nachträgliche Korrekturen unmöglich macht.[113]
In der qualitativen Methodologie wird, trotz ebenfalls zugrunde liegender Theorie, auf die Verwendung von Hypothesen überwiegend verzichtet: „Gerade weil man sich der Tatsache bewusst ist, dass das Wissen Wahrnehmung und Handeln beeinflusst, will man vermeiden, dass der Forscher mittels der Hypothesen auf bestimmte Aspekte ‚festgeschrieben' wird, die er ‚vorab' nur aus seinem eigenen (wissenschaftlichen und alltäglichen) Relevanzbereich gewinnen kann, deren ‚Passung' mit den Deutungsmustern der von ihm untersuchten Personen aber nicht von vornherein gewährleistet ist.“[114] Die Anwendung qualitativer Methoden fordert „primär die Sicherstellung der Angemessenheit der vom Forscher verwendeten Kategorien und seine Offenheit für das potenziell ‚Andere' des Forschungsfeldes“[115].[116]

---

111 s. Meuser/Nagel, 2002, in R. Bohnsack, W. Marotzki, M. Meuser, (2011), S. 57
112 s. W. Meinefeld, in U. Flick, E. v. Kardoff, I. Steinke, (2008), S. 266
113 Vgl. ebd.
114 s. ebd.
115 s. ebd., S. 267
116 Vgl. ebd.

5.4 Das Leitfadeninterview

„Interviews, die leitfadengesteuert angelegt sind, bewirken eine mittlere Strukturierungsqualität sowohl auf Seiten des Interviewten wie auch auf Seiten des Interviewers. Ein Leitfaden besteht aus Fragen, die einerseits sicherstellen, dass bestimmte Themenbereiche angesprochen werden, die andererseits aber so offen formuliert sind, dass narrative Potenziale des Informanten dadurch genutzt werden können. Aus diesem Grunde sollte der Interview-Leitfaden nicht zu umfangreich sein."[117] Ein Vorteil des Leitfadeninterviews ist die Möglichkeit sicherzustellen, dass die Aspekte, die besonders von Interesse sind, auch angesprochen werden. Zudem können Interviews miteinander verglichen werden.[118] „Der Leitfaden hat also insgesamt eher die Funktion einer Gedächtnisstütze und eines Orientierungsrahmens in der allgemeinen Sondierung."[119]

---

[117] s. W. Marotzki, in R. Bohnsack, W. Marotzki, M. Meuser, (2011), S. 114
[118] Vgl. ebd.
[119] s. ebd.

5.5 Der Interview-Leitfaden

Leitthemen für den Interviewleitfaden für das Experteninterview

Forschungsfrage: Gentrifizierung im Kieler Stadtteil Gaarden – Welchen Beitrag kann Soziale Arbeit zur Stadtteilaufwertung leisten?

1. Aufgabe/Funktion der Person, möglicherweise Werdegang
   a) Welchen Beruf üben Sie aus? Welchen Beruf haben Sie erlernt?
   b) Nationalität
   c) Seit wann leben Sie in Gaarden? Wie lange haben Sie in Gaarden gelebt?
   d) Was spricht für Sie für den Stadtteil? Was spricht gegen ihn?

2. Gentrifizierung in Gaarden
   a) Wie bewerten Sie den Gentrifizierungsprozess in Gaarden? (Be)Fürchten Sie eine neue Durchmischung des Stadtteils?
   b) Fürchten Sie die Verdrängung niedrigerer Status-/Einkommensgruppen zugunsten von höheren Statusgruppen wie Jung-Akademiker oder andere höher bezahlte Menschen?
   c) Sehen Sie eine Gefahr für die im Moment bestehende Sozialstruktur? Befürchten Sie eine Zerstörung oder eine komplette Neuordnung?

3. Soziale Arbeit in Gaarden
   a) Welchen Stellenwert, welche Bedeutung hat Soziale Arbeit in Gaarden für Sie?
   b) Wie beurteilen Sie die ständig wachsende Vielfalt sozialer Angebote im Stadtteil?
   c) Trägt Soziale Arbeit zur Aufwertung des Stadtteils bei? (Sie könnte Probleme auch nur verwalten, oder die Verschlechterung verhindern.)
   d) Welche Aufgaben sehen Sie in Zukunft für die Soziale Arbeit in Gaarden?

4. Die Zukunft des Stadtteils
   a) Wo sehen Sie den Stadtteil in der Zukunft?
   b) Was kann Ihres Erachtens zur Aufwertung des Stadtteils beitragen?
   c) Wessen Aufgabe ist es Ihres Erachtens, sich der Aufwertung des Stadtteils anzunehmen? (Soziale Arbeit, Wirtschaft, Bürger, Oberbürgermeister?)

5.6 Ziele der Befragung

In den vergangenen Jahren wurde über das Thema Gentrifizierung in Hamburg oder Berlin vermehrt diskutiert. Auch in Kiel gab es Veranstaltungen, die sich mit der Thematik auseinandersetzten. Die damit verbundenen Diskussionen führten meist dazu, dass die Vergleichbarkeit von Hamburg und Kiel nicht funktionierte. Das Ziel der Befragung ist deshalb, von Menschen im Stadtteil Gaarden Informationen zu erhalten, auszuwerten und in einen Kontext zu bringen, um eine konkrete Antwort für diesen Kieler Stadtteil zu finden oder den Weg zu einer Antwort zu ebnen. Ein weiteres Ziel der Befragung ist, die wachsende Zahl sozialer Projekte und Einrichtungen in Gaarden und den Stellenwert von Sozialer Arbeit im Stadtteil zu erfassen und zu bewerten.
Wichtig war in diesem Zusammenhang ebenfalls zu ermitteln, wie im Stadtteil lebende Funktionsträger die Zukunftsaussichten Gaardens beurteilen und welche Schritte sie auf dem Weg dahin für richtig halten.

5.7 Auswertungsmethoden

Die Autoren Gläser und Laudel beschreiben vier verschiedene Methoden zur Auswertung von Experteninterviews: Die Freie Interpretation, Sequenzanalytische Methoden, das Kodieren und die Qualitative Inhaltsanalyse.
Im Falle dieser Studie hat sich der Verfasser für die Anwendung der qualitativen Inhaltsanalyse entschieden. Laut Gläser und Laudel findet die qualitative Inhaltsanalyse in der Sozialforschung kaum Anwendung. Sie wurde von Philipp Mayring in den 1980er Jahren entwickelt. Die von Gläser und Laudel verwendete Methode wurde von Mayring zwar beeinflusst, ist mit seinem Verfahren aber nicht gleichzu-

setzen.[120]

Bei der qualitativen Inhaltsanalyse geht es darum, Texten systematisch Informationen zu entnehmen. Mit Hilfe eines Analyserasters werden Kategorien gebildet, denen die Informationen aus den Texten zugeordnet und anschließend weiterverarbeitet werden. Bei diesem Verfahren stehen laut Gläser und Laudel zwei Aspekte besonders im Vordergrund: Zum einen wird nicht mit dem ursprünglichen Text gearbeitet, sondern mit den aus den Texten gewonnenen Informationen. Über die Angabe der Quellen besteht der Bezug zum Text weiterhin, bearbeitet werden aber die abgeleiteten Informationen. Diese Methode eignet sich besonders, so die Autoren, um soziale Sachverhalte darzustellen. Zum anderen wird bei dieser Methode das Kategoriensystem bereits vor der Durchführung der Forschung erstellt. Das bedeutet für den Forscher, dass er schon vorher das Ordnungsschema für die Informationen kennt.[121]

5.8 Interviewsituation

Das Interview mit Edina Dickhoff besteht wegen einer telefonischen Unterbrechung aus zwei Teilen. Das Interview mit Serpil Midyatlı fand aus terminlichen Gründen in einem Restaurant statt, weshalb im Hintergrund Geräusche sowie eine Zwischenfrage des Personals zu hören sind. Ebenso fand das Interview mit Matthias Jaschik aus terminlichen Gründen im Mehrgenerationenhaus in Gaarden statt und besteht aufgrund von Geräuschkulisse und Unterbrechungen ebenfalls aus zwei Teilen.

5.9 Technik

Im Regelfall wird ein Interview aufgezeichnet. Bei diesen Interviews wurde ein OLYMPUS VN-480PC Diktiergerät verwendet. Eine weitere Verbreitung der Tondokumente ist nicht vorgesehen.

---

[120] Vgl. J. Gläser, G. Laudel, (2010), S. 45f

[121] Vgl. ebd., S. 46

5.10 Grenzen der Methode

Bei der Durchführung von Leitfadeninterviews kann es zu Kommunikationsschwierigkeiten zwischen dem Interviewer und dem Experten kommen. Nimmt der Experte zu einer Thematik Stellung, die laut Fragebogen noch nicht an der Reihe ist, sollte er trotzdem nicht unterbrochen werden. Eine vollständige Beantwortung der Frage ist manchmal nur durch Nachfragen möglich.[122]

Wichtig ist zudem der Umgang mit sozial erwünschten Antworten: „Der Interviewpartner gibt nicht die Antwort, die er für zutreffend hält, sondern die, von der er annimmt, dass sie mit Erwartungen des Interviewers oder mit allgemeinen gesellschaftlichen Erwartungen übereinstimmt."[123]

5.11 Grenzen der Auswertung

Bei der Auswertung nutzt der Forscher die freie Interpretation der Interviews, um sie in nach einem Analyseraster auszuwerten. Diese Form der Auswertung birgt die Gefahr einer freien Interpretation.[124]

Der Verfasser war sich dieser Schwierigkeit bewusst und hat sie bei der Auswertung bedacht.

5.12 Auswahl der Experten

Bei den Vorüberlegungen zur Auswahl der Experten orientierte sich der Forscher an vier Fragen: „

1. Wer verfügt über die relevanten Informationen?
2. Wer ist am ehesten in der Lage, präzise Informationen zu geben?
3. Wer ist am ehesten bereit, Informationen zu geben?
4. Wer von den Informanten ist verfügbar?"[125]

---

[122] Vgl. ebd., S. 42
[123] Vgl. ebd., S. 138
[124] Vgl. ebd., S. 44f
[125] S. Gorden, 1975, S. 196-197 in J. Gläser, G. Laudel, (2010), S. 117

Da jeder Interviewpartner aus seiner Perspektive die Fragen beantwortet, sollten mehrere Personen über einen Sachverhalt befragt werden, um möglichst viele Informationen zu bekommen.[126] Die Befragten wurden nach bestimmten Kriterien ausgewählt, von denen mindestens eins zutreffen musste: „Wohnhaft in Gaarden", „Berufstätig oder ehrenamtlich tätig in Gaarden" oder „Aus Gaarden stammend".

5.13 Der Zeitaspekt

Die Durchführung der Interviews war mit einem hohen zeitlichen Aufwand verbunden und bedurfte einer genauen Planung. Je nach Status und Tätigkeitsfeld des Experten stellte es sich als schwierig heraus, einen Termin zu vereinbaren. Aufgrund von Terminverschiebungen und Krankheitsfällen konnte die vorgesehene Reihenfolge nicht eingehalten werden. Auf zwei Interviewpartner musste letztendlich verzichtet werden, da es in einem Fall nicht gelang, einen Termin zu finden. Im anderen Fall blieb die Genehmigung durch die Vorgesetzte aus. Kompetenter „Ersatz" fand sich in Pastor Matthias Ristau sowie in Schauspieler Matthias Jaschik.

5.14 Das Analyseraster

Im Vorfeld der Befragungen wurde ein Analyseraster entworfen, das vom Verfasser in vier Analyseeinheiten aufgeteilt wurde:

Einheit 1	Einheit 2	Einheit 3	Einheit 4
Argumente für und gegen den Stadtteil	Gentrifizierung in Gaarden	Soziale Arbeit in Gaarden	Zukunft des Stadtteils

[126] Vgl. J. Gläser, G. Laudel, (2010), S. 117

5.15 Die Experten

Edina Dickhoff ist Projektleiterin bei einer „Ein-Euro-Maßnahme“ für Migranten im Stadtteil Gaarden, in der die Beschäftigten im Projekt „Kulturdolmetscher e.V.“ Wissenswertes über die deutsche Sprache, Deutschland und die Berufsbedingungen in diesem Land lernen oder ihr Wissen erweitern sollen. Sie hat Deutsch, Philosophie und Geschichte mit dem Abschluss Magister an der Christian-Albrechts-Universität Kiel studiert und lebt seit 1987 in Gaarden.

Semra Başoğlu war zum Zeitpunkt des Interviews Projektleiterin des „Stadtteilbüro Gaarden“ und lebt als Deutsch-Türkin in zweiter Generation in Deutschland. Sie arbeitet seit 1998 auf dem Ostufer, wohnt aber nicht in Gaarden. Das Stadtteilbüro Gaarden dient als Schnittstelle zwischen Verwaltung und Politik und den Bürgern und soll den Stadtteil von innen heraus bei der Umsetzung größerer Projekte unterstützen. Die Aufgaben des Büros, das von der Landeshauptstadt Kiel eingesetzt wird, gliedern sich in fünf Bereiche. Zum einen die Projektentwicklung und -begleitung, bei der Vorstellungen der Bürger aufgegriffen und mit aktiver Unterstützung der Menschen vor Ort umgesetzt werden sollen. Der zweite Aufgabenbereich ist die Netzwerkarbeit, bei der Menschen und Initiativen oder Projekte miteinander in Verbindung treten können und auch zwischen ihnen und der Verwaltung vermittelt werden kann. Zudem werden Workshops oder andere Veranstaltungen angeboten, die an die Bewohner Gaardens direkt adressiert sind. Die letzten beiden Aufgabenbereiche sind die der projekt- und stadtteilbezogenen Öffentlichkeitsarbeit sowie die Bereitstellung von Informationen über Aktivitäten und Einrichtungen im Stadtteil.[127]

Fedor Mrozek lebt seit 1972 in Gaarden-Süd, ist Vorsitzender des CDU-Ortsverbandes Gaarden/Ellerbek-West und vertritt die Interessen der Bürger für die CDU im Ortsbeirat Gaarden.
Die Ortsbeiräte der Stadt Kiel sind an den Angelegenheiten ihres Stadtteils beteiligt und werden von den betreffenden Ämtern über Änderungen oder Neuerungen informiert und von diesen auch angehört. In den Stadtteil im Besonderen betreffenden Angelegenheiten können die Ortsbeiräte Anträge an die Ausschüsse oder die Ratsversammlung der Landeshauptstadt stellen. Die Ortsbeiräte, die öffentlich tagen, bestehen aus gewählten Bürgern oder Mitgliedern der Ratsversammlung.[128]

---

[127] Vgl. www.kieler-ostufer.de/stadtteilbueros
[128] Vgl. www.kiel.de/ortsbeiraete

5. Forschung

Matthias Ristau ist Pastor in der Evangelisch-Lutherischen Gemeinde in Gaarden und ist für die Sozialkirche Gaarden in der Stoschstraße tätig. Zudem ist er Beauftragter im Kirchenkreis für den christlich-muslimischen Dialog. Bei der Sozialkirche handelt es sich um ein Gemeinschaftsprojekt der Kieler Tafel, der evangelischen Stadtmission und der Evangelisch-Lutherischen Gemeinde Gaarden. Die Tafel verteilt Lebensmittel an Bedürftige, während „Ein-Euro-Kräfte"der Stadtmission in einem Café arbeiten, in dem die Menschen die Wartezeit überbrücken können, bis sie im Tafelladen bedient werden. Die Kirche stellt in diesem Projekt den Raum zur Verfügung und bietet neben Andachten die Gelegenheit für Gespräche und Seelsorge sowie weitere Veranstaltungen. Die evangelische Kirchengemeinde Gaarden hat im Stadtteil drei Kirchen, die sehr nah beieinander liegen: Die Johanneskirche in der Schulstraße, die Markuskirche am Ostring/Oldenburger Straße und die Matthäuskirche in der Stoschstraße. Da diese drei Kirchen nicht gleichzeitig für Gottesdienste genutzt werden mussten, kam man zu der Überzeugung, die Matthäuskirche zunächst als Lagerraum für die Kieler Tafel zu nutzen. Auf Wunsch des Kirchenvorstandes blieb das Gebäude jedoch eine Kirche, die allerdings alternativ genutzt wird, in der es aber auch noch kirchliche Angebote gibt. Pastor Ristau lebt seit Anfang 2009 in Gaarden.

Elske Alpers ist gelernte Datenverarbeitungskauffrau und Projektleiterin einer sozialen Einrichtung in Gaarden. Nachdem sie bereits in der ambulanten Krankenpflege in Gaarden gearbeitet hatte, zog sie im Jahr 1986 dorthin. Ein weiterer Grund war die Wohnungsnot in dieser Zeit und die ihrer Meinung nach durchaus vorhandene Attraktivität des Stadtteils.

Serpil Midyatlı ist seit 2009 Abgeordnete des schleswig-holsteinischen Landtags und war vorher selbständig im Gaststättengewerbe. Sie lebt in zweiter Generation in Deutschland und hat bis 2010 18 Jahre im Stadtteil Gaarden gewohnt. Seit dem Jahr 2003 war sie Mitglied des Ortsbeirates Gaarden. Im Landtag ist die SPD-Politikerin kinder- und jugendpolitische Sprecherin, Sprecherin für Integration, datenschutzpolitische Sprecherin sowie Mitglied des Innen- und Rechtsausschusses des Landtages.

Matthias Jaschik ist Schauspieler am Werftparktheater in Gaarden. Er ist im Berliner Stadtbezirk Neukölln aufgewachsen und hat sich nach den ersten zwei Jahren am Westufer der Stadt Kiel im Jahr 2008 entschieden nach Gaarden zu ziehen, wo er immer noch wohnt.

5.16 Die Extraktion

Interview 1: Dickhoff

„Ein urbanes Leben ist meiner Ansicht nach nur noch in Gaarden möglich."

Argumente für den Stadtteil Gaarden

Für Gaarden spricht, dass es sich um das letzte Stück urbanes Leben in Kiel handelt. Andere städtische Bereiche seien dagegen wohnungs- oder ladenfrei. Das heißt, dort leben gar keine oder kaum Menschen oder es gibt keine Geschäfte. Zudem seien viele Bereiche so strukturiert, dass aufgrund der Miete keine soziale Durchmischung stattfinde. Urbanes Leben sei deshalb nur noch in Gaarden oder im Stadtteil Südfriedhof am Westufer möglich.
Im Gegensatz zu anderen Stadtteilen, so Dickhoff, lebe man in Gaarden sehr zentral und sei nicht auf einen PKW angewiesen. Die Busverbindungen in die Innenstadt und zurück seien auch abends besser als in anderen Stadtteilen.

Argumente gegen den Stadtteil Gaarden

„Da gibt es unendlich viele kleine Punkte, die dagegen sprechen, aber es gibt auch unendlich viele Punkte, die dagegen sprechen, an der Holtenauer Straße zu wohnen, oder am Westring oder in Elmschenhagen. Wenn man das abwägt,[...] dann ist für mich Gaarden der Stadtteil in Kiel, in dem ich leben will."[129]
Was besonders gegen das Leben im Stadtteil spreche, seien der Hundekot überall auf den Gehwegen, die nächtlichen Polizeieinsätze wegen Ruhestörungen oder anderen Dingen oder auch der Umstand, auf dem Weg zur Bushaltestelle durch eine Gruppe Drogenabhängiger gehen zu müssen. Jeder Stadtteil habe aber seine Vor- und Nachteile.

[129] Vgl. Interview mit Edina Dickhoff, Teil 1, 2:36 Minuten

Gentrifizierung in Gaarden

Im Oberbürgermeister-Wahlkampf[130] hat der damalige Oberbürgermeister Torsten Albig im Rahmen der Gaardener Runde seine Vorstellungen über die Zukunft des Stadtteils geäußert. Dabei hat er sich im Hinblick auf die Entwicklung des Stadtteils auf das Hamburger Schanzenviertel bezogen.
Dazu muss aber festgestellt werden, dass es sich bei der Gentrifizierung, beispielsweise im Schanzenviertel, nicht um geplante Prozesse gehandelt hat, sondern um das Ergebnis sozialer Prozesse.
„Seit 30 Jahren finden diese sozialen Prozesse in Gaarden ebenso statt, aber es kommt nicht zu einer Gentrifizierung, weil es in der Struktur von Gaarden bestimmte Sachen gibt, die dagegen sprechen. [...] Ich sehe schon, dass sehr viel, was die Stadt macht, eine Gentrifizierung unterstützen würde, aber inwiefern das dann praktisch dabei rauskommt, muss man einfach abwarten."[131]
Dass Gentrifizierung in Gaarden nicht möglich ist, hänge von verschiedenen Faktoren ab. Ein Faktor sei die Struktur der Wohnungen.
„Zunächst einmal fehlen hier die großen, schönen Mittelklassewohnungen. Gaarden ist kleinteilig gebaut für Arbeiterfamilien. Wenn Sie das vergleichen mit der Esmachstraße oder der Holtenauer Straße: Wenn jemand für eine Zwei-Personen-Familie gerne 100m² haben möchte, dann ist das in Gaarden einfach schwierig."[132]
Ein weiterer Faktor seien laut Dickhoff die hohen Mieten für Geschäftsräume.
„Wenn jemand einen kleinen Laden für gesunde Ernährung oder Trendsportarten oder was es auch immer gibt, was zu einer Gentrifizierung quasi als Lotse dazugehört [...] aufmachen will, dann scheitert er [...] an zwölf Euro pro Quadratmeter Kaltmietpreis für einen Laden. Das kann sich ein Existenzgründer aus einer kulturell aktiven Szene einfach gar nicht leisten."[133]
Nach Dickhoff leiden die Schulen in Gaarden unter ihrem Ruf. Das führe dazu, dass Familien mit Kindern den Stadtteil verlassen, sobald ihre Kinder das schulfähige Alter erreicht haben, damit sie Schulen in anderen Stadtteilen besuchen können.
„Das ist ein Konglomerat aus ganz unterschiedlichen Gesichtspunkten, die Gentrifizierung hier einfach erschweren."[134]

[130] Der Oberbürgermeister-Wahlkampf fand in Kiel im Jahr 2009 statt. [P.H.]
[131] Vgl. Interview mit Edina Dickhoff, Teil 1, 5:14 Minuten
[132] Vgl. ebd., Teil 1, 5:58 Minuten
[133] Vgl. ebd., Teil 1, 6:32 Minuten
[134] Vgl. ebd., Teil 1, 7:20 Minuten

In anderen Großstädten nehmen Studierende häufig die Rolle der Gentrifizierer ein, indem sie sich in einem Viertel niederlassen, bemerkbar machen und ihre eigenen Läden eröffnen. In Kiel, so Dickhoff, sei das an der Holtenauer Straße zu beobachten gewesen, wo Studentenkneipen öffneten und alternative Geschäfte ihren Platz fanden. Da sich dort aber inzwischen eine gehobene Käuferschicht angesiedelt habe, seien diese Läden inzwischen wieder verschwunden.

In Gaarden hätten Studierende zwar immer wieder gewohnt und man habe sie, so Dickhoff, als eine Subkultur bezeichnen können, die ihre eigenen Treffpunkte hatte und die sich ihre eigenen Wege durch das Viertel bahnte. Um einen Gentrifizierungsprozess voranzutreiben, müssten Studierende in einem Stadtteil Präsenz zeigen. In Gaarden täten sie dies zumindest nicht.

Soziale Arbeit in Gaarden

Die Soziale Arbeit, sagt Dickhoff, habe im Stadtteil Gaarden einen besonders hohen Stellenwert. Das liege hauptsächlich daran, dass dort viele Menschen leben, die keinen Zugang zu Informationen oder Hilfsangeboten hätten.

„Leute wie wir, wenn wir ein Problem haben, gucken wir ins Internet, suchen uns da etwas raus [...] und realisieren das dann. Hier in diesem Viertel sind ganz viele Leute, die nicht wissen, dass es Hilfsangebote gibt, die relativ vereinzelt sind, die man tatsächlich durch ein Büro mit Öffnungszeiten erreichen muss, weil sie die Kulturtechniken ‚Ich helfe mir selbst' gar nicht gelernt haben.“[135]

Man könne nicht ausschließen, dass es auch Menschen gebe, die von den Angeboten der Sozialen Arbeit oder von dem individualistischen „Ich helfe mir selbst“ nicht mehr profitierten, weil sie es gewohnt seien, dass ihnen von anderen geholfen werde. Trotzdem lebten in Gaarden viele Menschen, die unter dem Druck der Agentur für Arbeit in den Stadtteil gezogen und die nun sozial abgehängt seien. Daraus ergäben sich, so Dickhoff, Problemkonzentrationen.

In dem Zusammenhang weist Dickhoff auf einen zentralen Aspekt hin, der die Notwendigkeit Sozialer Arbeit im Stadtteil reduzieren könne.

„Also ich glaube, was der Stadtteil vor allen Dingen braucht, sind Arbeitsplätze, Arbeitsplätze, Arbeitsplätze und nochmal Arbeitsplätze. Das ist ja etwas, was viele Leute auch nicht verstehen, wieso Hartz-IV-Empfänger [...] sagen, ich will einen Ein-Euro-Job machen. Auch wenn sie dabei kaum etwas verdienen und man es auch nicht als richtige Arbeit bezeichnen darf, aber es ist einfach das Eingebundensein in

[135] Vgl. ebd., Teil 1, 10:31 Minuten

einen sozialen Kontext. Man hat Kollegen, man steht morgens auf [...].“[136]
Viele Menschen wären laut Dickhoff weniger auf Soziale Arbeit angewiesen, wenn sie eine richtige Arbeitsstelle hätten, zu der sie morgens gehen könnten und für die sie „richtiges“ Geld bekommen würden. Das sei auch das zentrale Problem der meisten Menschen in Gaarden. Sie hätten aus irgendwelchen biographischen Gründen ihre Arbeit verloren und es gelinge ihnen jetzt nicht mehr, auf dem ersten Arbeitsmarkt eine Stelle zu finden.
Wenn für Gaarden mehr Arbeitsplätze gefordert würden, dann gehe es hauptsächlich um Arbeit für gering qualifizierte Menschen. Zwar gebe es im Stadtteil auch arbeitslose Akademiker, für die Arbeitsplätze beispielsweise in der Technologiebranche erstrebenswert wären. Auf den größten Teil der Arbeitslosen treffe dies aber nicht zu, sagt Dickhoff.

Die Zukunft des Stadtteils Gaarden

Dickhoff glaubt, dass es in Gaarden zu keiner Gentrifizierung kommen werde, solange sich dort Rockerbanden wie die „Hells Angels“ und die „Mongols“ um ihre Gebiete streiten.[137] „Keine wohlsituierte Akademikerfamilie mit Kindern und Interesse an gesunder Ernährung wird irgendwohin ziehen, wo möglicherweise innerhalb der nächsten Monate ein Rockerkrieg ausbricht.“[138]

„Sobald Gentrifizierung hier im Stadtteil losgeht, hat die Stadt ein massives Problem, weil, wo will sie dann die ganzen Leute, die jetzt hier in den billigen Wohnungen sind, lassen?“[139] Dann wären die Senioren und die schon immer hier lebenden Einwohner betroffen, genauso wie die Familien, die Leistungen nach dem SGB II empfangen. Der ehemalige Leiter des Jobcenters, Gerwin Stöcken, habe schon vor einigen Jahren darauf hingewiesen, dass in einem solchen Falle die Regelungen der Mietobergrenzen überdacht werden müssten. Betrachte man gentrifizierte Stadtteile in anderen Städten, müsse man fragen, ob das Jobcenter bereit wäre „für eine alleinerziehende Mutter mit Kind 800 Euro Kaltmiete“[140] zu zahlen.

[136] Vgl. ebd., Teil 1, 12:14 Minuten
[137] Das Vereinslokal des Rockerclubs „Mongols“ wurde am Montag, 19. September, vom Bauordnungsamt der Landeshauptstadt Kiel geschlossen. [P.H.]
[138] Vgl. Interview mit Edina Dickhoff, Teil 2, 1:55 Minuten
[139] Vgl. ebd., Teil 2, 2:16 Minuten
[140] Vgl. ebd., Teil 2, 3:16 Minuten

Ein weiterer Aspekt ist die Szene der Alkoholabhängigen auf dem Vinetaplatz und vor dem Sky-Supermarkt sowie die Drogenabhängigen am Karlstal. „Die Alks haben vermutlich diesen Platz [...] ausgesucht, weil das naheliegt und man wird kein Alkoholiker-freies Viertel bauen können. [...] Wenn diese Alks weggehen, weil sie vielleicht trocken sind und einen Job haben, dann wird die nächste Generation Alks nachkommen. Und die Drogis am Karlstal wärmen auch immer ihre Plätze. Das heißt, die Polizei kann sie immer wieder vertreiben und sie werden sich dann immer wieder irgendwo ansiedeln."[141]

Besondere Maßnahmen, wie etwa der Einsatz von „schwarzen Sheriffs" an problematischen Stellen führten nicht dazu, dass diese Menschen die genannten Plätze verlassen. Sie würden sich, sagt Dickhoff, möglicherweise andere Orte suchen, die Situation an sich werde sich aber nicht ändern.

Um den Stadtteil aufzuwerten müssten die Menschen im Stadtteil selbst aktiv werden. Die Einführung vieler Projekte von Seiten der Stadt würden eine Fassade schaffen, die zwar von außen einen guten Eindruck vermittle, aber letztlich zu den Bewohnern des Stadtteils aber keinen Bezug herstelle.

Erste Studien in Frankreich in den 1960er Jahren hätten ergeben, welche Auswirkungen solche sozialen Projekte auf Stadtteile haben, wenn sie von anderen Institutionen eingeführt und möglicherweise in anderen Gesellschaftsschichten entwickelt wurden. Dabei handele es sich „um ein weiteres Animationsangebot [...] und wenn das wegfällt, dann stört es die Leute, aber sie kommen nicht auf die Idee, selbst etwas auf die Beine zu stellen."[142]

Die Aufwertung des Stadtteils sei die Aufgabe der Menschen, die dort wohnen. Dazu müssten unter anderem die Bürger mit Migrationshintergrund ihr subkulturelles Milieu aufgeben. Diese Bürger seien zwar in Gaarden schon sehr aktiv, aber häufig nur in ihrem eigenen Umfeld und im Rahmen ihrer Möglichkeiten. Auch die Deutschen sollten bei der Aufwertung ihres Stadtteils aktiver werden, so Dickhoff.

„Ich denke, im Prinzip ist es die Aufgabe der Menschen selbst, ihre Zukunft in die Hand zu nehmen."[143]

---

[141] Vgl. ebd., Teil 2, 3:33 Minuten
[142] Vgl. ebd., Teil 2, 5:52 Minuten
[143] Vgl. ebd., Teil 2, 6:51 Minuten

Interview 2: Başoğlu

„Die Gefahr einer Gentrifizierung sehe ich hier definitiv nicht.“

Argumente für den Stadtteil Gaarden

Das Alleinstellungsmerkmal Gaardens sei die kulturelle Vielfalt und Zusammensetzung, wie man sie in keinem anderen Stadtteil in Kiel kenne. Gaarden sei ein Stadtteil mit Geschichte und die Menschen fühlten sich mit dieser Geschichte verbunden, sagt Başoğlu, unabhängig davon, ob man eine 70-jährige Deutsche sei oder eine 30-jährige Türkin, die in zweiter Generation in Gaarden lebe. Zudem seien die alteingesessenen Bewohner sehr stolz auf ihren Stadtteil.
Den Stadtteil zeichne zudem eine sehr dörfliche Struktur aus, in der es keine Anonymität gebe und die Menschen mit einander redeten.
Gaarden sei zudem ein sehr grüner und innenstadtnaher Stadtteil mit einer komfortablen Wohnsituation. „Das Leben findet hier auch auf der Straße statt.“[144]

Argumente gegen den Stadtteil Gaarden

„Gaarden hat schon immer ein schlechtes Image gehabt. [...] Um die Jahrhundertwende war Gaarden auch schon ein Schmuddelstadtteil und da ging man nicht hin als besser betuchter Bürger.“[145]
Im Hinblick auf die Sicherheit beispielsweise, so Başoğlu, sei das subjektive Empfinden in Gaarden häufig negativ. Ältere oder auch junge Frauen mit Kindern berichteten immer wieder, dass sie bestimmte Orte meiden. Zudem habe der Stadtteil keinen Eingang, der das Interesse wecken könne, sich näher mit ihm auseinanderzusetzen. Stattdessen fahre man eher an Gaarden vorbei. Die Faszination, die manche Menschen in diesem Stadtteil erlebten, sei von außen nicht zu erkennen. Ein weiterer Nachteil sei die Verkehrssituation. Der Stadtteil sei sehr unübersichtlich und ortsfremde Menschen hätten häufig Schwierigkeiten wieder aus Gaarden herauszufinden.
Zudem sei Gaarden geprägt von Menschen, die vom Staat abhängig sind, was sich auf das gesamte Miteinander im Stadtteil auswirke, etwa auf Bildungsprozesse, das Wahlverhalten oder auch auf die Haltung, sich im Stadtteil in Planungsprozesse einzumischen.

---

[144] Vgl. Interview mit Semra Başoğlu, 1:55 Minuten
[145] Vgl. ebd., 2:33 Minuten

Die Situation der Kinder und Jugendlichen, die im Kontext sozialer Abhängigkeit aufwachsen müssten, sei ebenso nicht zu unterschätzen.

Gentrifizierung in Gaarden

Einen Gentrifizierungsprozess gebe es in Gaarden nicht und es werde auch niemals einen geben, glaubt Başoğlu.
Immer wieder werde versucht, Kiel mit Berlin oder Hamburg zu vergleichen. Häufig herrsche die Meinung vor, ein Gentrifizierungsprozess sei etwas Tolles, das in anderen Städten auch funktioniert habe. Dabei solle man vorsichtig damit sein zu behaupten, Konzepte wie in Berlin oder in Hamburg-Sternschanze könnten auch in Kiel umgesetzt werden.
„Obwohl ich mir persönlich wünschen würde, eine gewisse Durchmischung [...] würde dem Stadtteil insgesamt sehr gut tun, ohne dass die Ärmeren hier verdrängt werden. Das kann ich mir überhaupt nicht vorstellen. Wir haben hier immer noch genug Wohnraum, genug Potential [...] bestimmte andere Bevölkerungsgruppen hier auch aufzunehmen.“[146]
Dabei geht es Başoğlu nicht um die Studierenden oder die jungen Akademiker mit hohem Einkommen. Viel wichtiger sei es, dass die jungen Familien auch im Stadtteil blieben, wenn die Kinder im schulpflichtigen Alter seien. Das Ziel sei, auch die Gaardener Mittelschicht im Stadtteil zu halten. Begrüßenswert wäre es auch, wenn junge Studierende nach Gaarden ziehen würden. Das Potential für eine Studentenszene habe der Stadtteil.
Dass es aber solche Vorhaben gibt, oder Wohnungen für Großverdiener renoviert werden, sieht Başoğlu im Moment nicht. Trotzdem sei es wichtig, solche Prozesse zu beobachten.

Soziale Arbeit in Gaarden

Diese hat laut Başoğlu in Gaarden einen sehr hohen Stellenwert. Gerade weil dort so viele Menschen lebten, die auf Sozialleistungen angewiesen sind. Soziale Arbeit sollte abgestimmt sein auf die Bedürfnisse der Bewohner, besonders auf die der Kinder und Jugendlichen. Man müsse Anlaufstellen für Bedürftige in allen Lebensbereichen schaffen, in Fragen der Gesundheit, Erziehung, Arbeit oder bei Bewerbungen. Das bedeute aber nicht, dass andere Bereiche vernachlässigt werden

[146] Vgl. ebd., 6:47 Minuten

dürften. Angebote außerhalb der Sozialen Arbeit seien ebenso wichtig.
„[Soziale Arbeit] hat eine auffangende Funktion für Menschen, [...] sozial schwierige Situationen machen […] etwas mit einem Menschen, es verändert einen Menschen ja. Jemand, der jahrelang morgens zur Arbeit gegangen ist und nachmittags nach Hause, der steht auf einmal da und muss morgens nicht mehr raus und findet auf eigenem Bemühen keine Arbeit. Es sind ja viele Langzeitarbeitslose in diesem Stadtteil, die von dieser Situation betroffen sind. […] Manche stehen den ganzen Tag auf der Straße und trinken. Sowas macht man ja auch nicht freiwillig, man rutscht in so eine Situation […] rein.“[147]

Ähnlich problematisch, so Başoğlu, seien die Perspektiven mancher Jugendlicher im Stadtteil. „Oder Jugendliche, wenn sie keine Lehrstelle finden, was sollen die den ganzen Tag in der Bude rumhocken? Das machen ja auch die wenigsten. Da geht man eben raus und sucht Gleichgesinnte. Ich kann mir auch gut vorstellen, dass man da nicht immer auf die tollsten und bravsten Ideen kommt.“[148]
Der Stadtteil benötige eine Sozialarbeit, die die Stärken der Menschen fördert. Was Gaarden nicht brauche, seien Projektangebote, bei denen es lediglich darum gehe, die erforderliche Teilnehmerzahl zu finden ohne zu überprüfen, ob diese Maßnahmen dieser Situation angemessen sind.
„Ich denke, jeder Mensch hat Stärken, jeder Mensch hat Fähigkeiten, die für die Gemeinschaft hier von Belang sein könnten. […] Das müsste mehr im Mittelpunkt stehen.“[149]

Die Zukunft des Stadtteils Gaarden

Im Bereich der Vernetzung und Kooperation hat sich in der Vergangenheit vieles verbessert, in vielen anderen Bereichen entwickelt sich der Stadtteil immer auf und ab. Auch, wenn es kaum noch Leerstand gebe, sei die Situation der Läden nicht optimal.
In den kommenden Jahren könnte sich laut Başoğlu der Stadtteil im Hinblick auf die Studierendenschaft weiterentwickeln. Dadurch, dass die Technische Fakultät der CAU in Gaarden ansässig bleibe und die Fachhochschule ausgebaut werde, würden viel mehr Studierende dorthin ziehen. Davon könne der Stadtteil profitieren.

[147] Vgl. ebd., 10:49 Minuten
[148] Vgl. ebd., 11:29 Minuten
[149] Vgl. ebd., 12:15 Minuten

Başoğlu meint, der Kieler Oberbürgermeister habe Gaarden als schwächsten Stadtteil anerkannt und lasse seinen Worten Taten folgen. Es habe auch Zeiten gegeben, in denen Gaarden als Problemstadtteil bezeichnet wurde. Dabei sei es dann geblieben. Die Verwaltungsspitze tue, was sie tun könne. Die Lokalpolitiker vor Ort kümmerten sich vorbildlich um die Lösung der Probleme.
„Wichtig finde ich auch solche Netzwerke wie die Gaardener Runde, die Stadtteilkonferenz, dass sie Themen auf den Punkt bringen und miteinander erörtern und möglicherweise Maßnahmen miteinander entwickeln.“[150]
Wie Başoğlu beschreibt, nehmen eine weitere kritische Funktion die nicht-organisierten Gruppen ein, die sich zu Wort meldeten und ihre Perspektiven über die Entwicklungen mitteilten. Besonders schwer sei es, die Bevölkerung zu motivieren sich zu beteiligen. Viele Menschen interessiere es nicht, was in ihrer direkten Nachbarschaft passiert. Auch wenn die Menschen direkt angesprochen würden, sei es sehr mühselig, sie für aktive Mitarbeit zu begeistern. Das funktioniere nur in wenigen Fällen.
„Jeder hat, finde ich, seine Verantwortung. Meckern kann jeder. Das tun in Gaarden auch verdammt viele. Aber es gibt auch sehr viele, sehr engagierte Menschen. Das muss man auch so sagen.“[151]

Interview 3: Mrozek

„Von einer Aufwertung vermag ich angesichts der Gesamtentwicklung nicht zu sprechen.“

Argumente für den Stadtteil Gaarden

Besonders faszinierend an Gaarden sei, so Mrozek, die erhaltene historische Bausubstanz, die dank der Sanierungsarbeiten in den 1980er Jahren erhalten oder nach dem Vorbild älterer Gebäude restauriert beziehungsweise nachgebaut worden sind. Die schönsten Teile Gaardens seien der Bereich an der Förde und an der Hörn. Für Gaarden sprächen zudem die Nähe zum Kieler Stadtzentrum sowie die vielen Grünflächen im Stadtteil.

[150] Vgl. ebd., 15:46 Minuten
[151] Vgl. ebd., 17:00 Minuten

Argumente gegen den Stadtteil Gaarden

„Es sind die sozialen Verwerfungen im Allgemeinen und im Konkreten die Ausprägungen im Hinblick auf Angsträume, Kriminalität [und] Verschmutzung, die es vielen Bürgern verleiden, zum Beispiel ganz ungestört durch die Elisabethstraße zu gehen und Fußgängerzone [...] als Raum des angstfreien Bewegens zu erleben.“[152]

Gentrifizierung in Gaarden

Mrozek kennt den Begriff Gentrifizierung nur im Zusammenhang mit Berichten aus Hamburg und dem dortigen Bau von Luxushotels oder aus Berlin, wo sich die Stadtteile nach dem Fall der Mauer neu strukturiert haben. Für diese Prozesse in diesen Stadtteilen kann Mrozek den Begriff Gentrifizierung nachvollziehen, eine ähnliche Entwicklung in Kiel oder besonders in Gaarden sieht er jedoch nicht.
„Sicherlich gibt es einzelne Beispiele auch für positive Entwicklungen oder Ansätze zumindest auch in Gaarden, aber ob die sich auswachsen [...], im Sinne einer Gentrifizierung, das steht für meine Empfindungen noch völlig in den Sternen.“[153]
Es bleibe, so Mrozek, zu beobachten, ob es diese Entwicklung gibt oder ob es sich um punktuelle Veränderungen handelt. Von der Bevölkerungsentwicklung her scheine es keine Veränderungen in Richtung einer Gentrifizierung zu geben. Selbst Studierende mit meist geringem Einkommen zögen es vor, sich in anderen Stadtteilen niederzulassen. Das hänge, vermutet Mrozek, hauptsächlich mit dem unglücklichen Ruf Gaardens zusammen, der dem Stadtteil auch für Studierende vorauseile.
Im wirtschaftlichen Sektor zeichne sich scheinbar ein steigendes Interesse am Stadtteil Gaarden ab. Ob sich daraus aber eine Tendenz zu mehr Investitionen ergebe, bleibt für Mrozek noch offen. Attraktiv sei besonders das Gelände an der Hörn, das im Rahmen der Umstrukturierung von der Rüstungsindustrie zum zivilen Schiffbau die Voraussetzungen in diesem Bereich geschaffen hätte. Besonders im Kontext des Kieler Ablegers zur Expo 2000 in Hannover habe man im Bereich der Hörn die planerischen Grundlagen für eine weitere wirtschaftliche Nutzung erarbeitet.
„Neben [...] [den] Germania-Arkaden, jetzt der Neubau der Telekom und als erstes Projekt [...] was Neubau angeht neben der Umnutzung der alten U-Boot-Fertigungshalle 400 dann der so genannte ‚Schmidt-Bau' am Germania-Hafen. Aber dazwi-

152 Vgl. Interview mit Fedor Mrozek, 2:24 Minuten
153 Vgl. ebd., 4:25 Minuten

schen ist die brachliegende Fläche unübersehbar."[154] Verfolge man die politischen Sitzungen in Kiel, so Mrozek, lasse sich allerdings nicht heraushören, dass viele Investoren Interesse an diesen freien Flächen zeigen.
Ein anderer Bereich, der sich wirtschaftlich gut entwickelt, ist das Gebiet in Gaarden-Süd. Rund um den Baumarkt Hornbach, so Mrozek, hätten sich viele Einkaufsmöglichkeiten angesiedelt, die neben Arbeitsplätzen auch eine Belebung des Stadtteils mit sich brächten. Zudem sei es gelungen, die „Verkehrsschneise" der B76, Theodor-Heuss-Ring und Konrad-Adenauer-Damm zu überbrücken und damit auch einen Eingang in den Stadtteil zu schaffen, der Menschen, die früher an Gaarden vorbeigefahren sind, einlade.
Im Bereich des alten Güterbahnhofs haben sich zudem auch einige Unternehmen angesiedelt, so Mrozek.
„All das sind durchaus positive Tendenzen, aber inwieweit die ausstrahlen Richtung Gaardener Zentrum, das wage ich mal sehr zu bezweifeln, dass sich da Synergie-Effekte ergeben."[155]

Soziale Arbeit in Gaarden

„[Die Soziale Arbeit] ist enorm wichtig, auch in ihrer ganzen Bandbreite, weil wir in Gaarden ja nicht eine Problemgruppe haben, sondern vielschichtige soziale Herausforderungen und insofern ist es auch wichtig und richtig, dass nicht mit einem sozialen Füllhorn alles verteilt wird an Fördermitteln oder auch Betreuungsmaßnahmen, sondern, dass genau geguckt wird, welche Gruppe welches benötigt."[156]
Im Vinetazentrum gebe es Angebote für Kinder, Schüler und auch für Senioren, bei denen die Zielgruppen voneinander profitieren. Hier seien beispielsweise die Vorleseabende von Senioren für Kinder genannt. Zudem gebe es, so Mrozek, spezielle Hilfsangebote im Beratungssektor für bestimmte Zielgruppen. So würden für Menschen mit Migrationshintergrund Hilfestellungen im Gesundheitswesen angeboten. Hierbei gehe es um die Überwindung von Sprachbarrieren bei der Formulierung der Angebote sowie um die Beschreibung der Probleme und Krankheitsbilder der Betroffenen.
Bei diesen vielen Angeboten tauche aber auch der Nebeneffekt auf, „das schon von den Betreuungsstellen vielfach angemerkt worden ist, dass deutsche Familien ohne Migrationshintergrund, die Frage [...] gestellt hätten, warum es solche Beratungs-

[154] Vgl. ebd., 7:32 Minuten
[155] Vgl. ebd., 9:58 Minuten
[156] Vgl. ebd., 10:35 Minuten

angebote nicht für deutsche Familien in einem schwierigen sozialen Umfeld gebe."[157]

Daraus ergebe sich, so Mrozek, die Gefahr, dass sich die Betreuungsangebote nur an die herausragendsten Problemgruppen richteten und deutsche Familien, ob alteingesessen oder neu hinzugezogen, vernachlässigt werden könnten.

Auf die Nachfrage, ob die Soziale Arbeit in Gaarden einen Beitrag zur Aufwertung beitrage, sagt Ortsbeirat Mrozek: „Für die einzelnen Familien gewiss, für die soziale Gemengelage im Stadtteil [...] hielte ich den Begriff Aufwertung für überzogen. Da muss ich [...] bekunden, dass ich eher die Tendenz vertrete, dass der weitere Niedergang des Sozialraums Gaarden abgemildert werden kann. Aber von einer Aufwertung vermag ich angesichts der Gesamtentwicklung nicht zu sprechen."[158]

Die Behörden zeigen nach Mrozeks Meinung zwar einen großen finanziellen und tatkräftigen Einsatz im Bereich der sozialen Hilfen, der sportlichen und sonstigen Aktionen, um sich gegen eine weitere Abwärtsbewegung zu stemmen. Doch dass diese Bemühungen den Niedergang aufhalten oder auch ein Umschwenken in die Richtung einer Aufwertung bewirken könnten, sieht Mrozek nicht einmal im Ansatz.

„Die Grundlage ist sicherlich neben den sozialen Betreuungs- und Hilfsangeboten, [...] das Empfinden der ansässigen Bevölkerung so zu gestalten, dass ein sicheres und angenehmes Umfeld wahrgenommen wird. Solange [...] im Ortsbeirat [...] immer wieder artikuliert wird, dass die Menschen Angst haben, sich über den Vinetaplatz, durch die Elisabethstraße, am Karlstal entlang nur als Passanten zu bewegen, geschweige denn als Konsumenten dort einfach ein angenehmes Gefühl zu bekommen. [...] [W]enn dort an Brennpunkten wie den Bushaltestellen Karlstal [...] unabhängig von der Uhrzeit, [...] eine Gruppe von Drogenabhängigen [...] sich aufhält und die Passanten dann belästigt [...] werden oder auch einfach nur ein Angstgefühl dabei haben durch eine Gruppe mit Hunden [...] durchzukommen, [um] [...] heil von einer Stelle des Stadtteils in die andere Richtung zu kommen; solange das [...] nicht [...] gemildert wird, [...] dieses Angstempfinden auf ein Niveau minimiert wird, wie es an anderen Stellen Kiels [...] wahrgenommen wird, [...] solange wird auch in Gaarden dann weiterhin das Gefühl vorherrschen, dass man benachteiligt ist und sich die Entwicklung nicht in die positive Richtung bewegt."[159]

---

157 Vgl. ebd., 14:02 Minuten

158 Vgl. ebd., 15:27 Minuten

159 Vgl. ebd., 19:17 Minuten

Die Zukunft des Stadtteil Gaardens

Aus politischer Sicht vertritt Mrozek die „mit Hoffnung“ verbundene Auffassung, dass sich Gaarden in fünf bis zehn Jahren „auf der Sonnenseite Kiels wiederfinden wird.“[160] Wenn es gelinge, die genannten wirtschaftlichen Standortentscheidungen (Hörn und Gaarden-Süd) für den Stadtteil zu treffen und diese Entwicklung mit der Verbesserung des Empfindens von Sicherheit, Sauberkeit und Wohlfühl-Ambiente im Zentrum von Gaarden zu verknüpfen, dann habe der Stadtteil hervorragende Entwicklungsmöglichkeiten.
„Aber das bleibt eine Hoffnung, solange sich die soziale Durchmischung nicht zum Positiven ändert. Das heißt, den Begriff Gentrifizierung, wie er in anderen Städten angebracht ist, [...] würde ich für Gaarden als positive Hoffnung in den Raum stellen wollen.“[161]
Solange es auch den symbolischen Bruch mit dem abrupten Ende der Gaardener Brücke und somit die Trennung Gaardens vom Westufer gebe, bleibe lediglich die Perspektive des Zusammenwachsens mit dem Stadtzentrum.

Interview 4: Ristau

„Ich glaube, dass Gaarden [...] attraktiver werden kann, ohne dass hier ein Verdrängungsprozess stattfinden würde.“

Argumente für den Stadtteil Gaarden

Für Gaarden spreche, so Ristau, ein sehr lebendiger Stadtteil nahe dem Zentrum mit schöner Baustruktur zu sein. Zudem bietet Gaarden eine hervorragende Möglichkeit für Spaziergänge in den vielen Grünflächen, vom Tröndelsee über den Langsee, dem Werft- und Sportbegegnungspark sowie dem Brook bis hin zur Hörn und zur Förde. Außerdem könne man alles in kurzer Zeit mit dem Fahrrad oder zu Fuß erreichen. Gaarden sei überdies ein Treffpunkt der Kulturen.

[160] Vgl. ebd., 22:17 Minuten
[161] Vgl. ebd., 23:07 Minuten

Argumente gegen den Stadtteil Gaarden

Aufgrund einer hohen Zahl von sozialen Problemen gestalte sich das Zusammenleben im Stadtteil eher als schwierig. Das liege, so Ristau, nicht an der hohen Anzahl von Menschen mit Migrationshintergrund, sondern eher an den sozialen Defiziten, die sich möglicherweise aber durch kulturelle Konflikte verschärfen können. Ein weiteres Problem sei, dass die Kulturen häufig nebeneinander und nicht miteinander leben.

Zudem habe Gaarden eine vielschichtige Vermieterstruktur und auch die großen Wohnungsunternehmen seien nicht so engagiert, wie sie sich gerne darstellten. So solle es Wohnungsunternehmen geben, die ähnliche Wohnungen im Kieler Stadtteil Elmschenhagen besser ausgestattet anbieten, als sie es in Gaarden tun. Das habe zur Folge, dass sich in Gaarden vermehrt Menschen einmieteten, die mit solch schlichten Wohnungen auch zufrieden seien.

Anderswo würden sich Vermieter zusammenschließen, weil sie ein gemeinsames Interesse an der Verbesserung des Wohnungsangebotes in den jeweiligen Stadtteilen hätten. In Gaarden sei das häufig nicht so. Es gebe zwar auch sehr engagierte Vermieter, aber nicht so viele, sagt Ristau.

Gentrifizierung im Stadtteil Gaarden

„Eine Durchmischung im Stadtteil ist ja nichts Schlechtes. Es ist ja ein gemischter Stadtteil. Die Frage ist, was man bezweckt [...] Einen Stadtteil in gewisser Hinsicht aufzuwerten, in dem [...] man die Lebensbedingungen verbessert, ist nichts, was die Leute im Stadtteil stören sollte. Es geht dann eher um die Frage von Verdrängungsprozessen [...].“[162]

Diese Verdrängungsprozesse habe man auf St. Pauli oder St. Georg in Hamburg beobachten können, so Ristau, weil es dort auch eine andere Struktur gebe. Diese Hamburger Stadtteile seien schon früher für Künstler, Kreative und Studierende interessant gewesen, weil es dort auch solch eine Szene gegeben habe.

„Ich glaube, dass Gaarden [...] attraktiver werden kann, ohne dass hier ein Verdrängungsprozess stattfinden würde.“[163]

[162] Vgl. Interview mit Matthias Ristau, 5:53 Minuten
[163] Vgl. ebd., 6:44 Minuten

Ristau sieht im Stadtteil keine Tendenz, dass dort in naher Zukunft Luxuswohnungen entstehen und die Bewohner billigerer Wohnungen vertrieben werden. Vielmehr würden Studierende den Stadtteil aufwerten, doch dafür müssten auch die Bedingungen verbessert werden, damit sie sich erst einmal niederlassen wollten.

Soziale Arbeit in Gaarden

„[...] ich finde Soziale Arbeit im Prinzip wichtig, aber ich finde, dass es manchmal zu viele Projekte sind, dass viele Projekte auch immer wieder [...] auf Projektmitteln beruhen, also nicht kontinuierlich arbeiten und, dass sie dann eben mehr darauf beruhen, wofür man Mittel einwerben kann und nicht für das, was wirklich sinnvoll ist im Stadtteil."[164]

Ein weiteres Problem sei, so Ristau, dass es zu häufig Konkurrenz zwischen den einzelnen sozialen Trägern gebe und dort mehr Koordination erforderlich und auch möglich sei. Deshalb sei eine Reduktion auf bedeutsame Aspekte oft wichtiger.

„Ich finde, dass es durchaus gute soziale Projekte gibt [...], es gibt eine Menge wirklich gute, engagierte Leute, die auch was bewegen. Aber es gibt eben auch die Projekte, wo immer alles beim Alten bleibt und nichts passiert. [...] Man sollte nicht unbedingt immer das Geld kürzen, aber [...] überlegen, welche Projekte sinnvoll sind und sie von Zeit zu Zeit auswerten und überlegen, [...] wo bringt es den Stadtteil voran oder wo ist es [...] hinderlich, dass es vorwärts geht."[165]

Ristau meint damit Projekte, bei denen die Anbieter in ihrer Einrichtung auf die Menschen warten, ohne dass sich bei der Zielgruppe etwas verändert.

In der Zukunft stehe für die Soziale Arbeit die Qualität im Vordergrund. Das bedeute, dass weiterhin mehr in die Soziale Arbeit investiert werden müsse, aber auch, dass weniger Projekte mit einer höheren Qualität angeboten werden. So sollte sich beispielsweise die Kinderbetreuung im pädagogischen Bereich weiterentwickeln und verhindern, dass es sich lediglich um die Verwahrung von Kindern handelt. So dürfe die Ganztagsschule nicht nur bis 16 Uhr dauern, sondern sie müsse in dieser Zeit auch eine Qualität bieten, die man durch die Vernetzung mit anderen Initiativen im Stadtteil erreichen könnte.

---

[164] Vgl. ebd., 7:39 Minuten

[165] Vgl. ebd., 8:39 Minuten

Zukunft des Stadtteils Gaarden

Der Stadtteil Gaarden birgt sehr viel Potential. In Gaarden erlebe man, so Ristau, wie Deutschland insgesamt stärker aussehen könne. Dies gelte sowohl auf kultureller Ebene als auch im Umgang mit sozialen Problemen oder mit bestimmten Gruppen. Die Bewohner Gaardens hätten somit eine Art Vorreiterfunktion. Es sei wünschenswert, dass Menschen, denen es finanziell und sozial besser gehe, im Stadtteil blieben und ihren Beitrag zur Veränderung leisteten.

Eine große Problematik stellt laut Ristau der Aspekt der Mietobergrenzen von Hartz IV und Grundsicherung dar. Auch wenn es nicht gesteuert sei, sei es kein Zufall, dass Menschen mit sozialen Problemen in Kiel in die Stadtteile Mettenhof und Gaarden zögen.

„Das führt [...] zu einer großen Konzentration von Menschen mit sozialen Problemen, die sich dann auch gegenseitig nicht immer [...] stützen können.“[166]

Diese Schwierigkeiten von großem Einfluss auf das Leben im Stadtteil könnten aber nur von bundespolitischer Seite gelöst werden. Zudem hätten die Wohnungsgesellschaften, die Stadt sowie die Akteure im Stadtteil die Aufgabe, ihren Beitrag zur Aufwertung zu leisten.

Die Stadt Kiel und das Land Schleswig-Holstein hätten darüber hinaus die Aufgabe, in die Qualität von Kindergärten und Schulen zu investieren. Doch Kinder ab Klasse 5 seien in ihrem Alter mobiler und könnten Schulen in anderen Stadtteilen besuchen. Die Schulen in Gaarden wirken, so Ristau, sehr vernachlässigt.

„Wenn man vor 20 Jahren angefangen hätte, in den Schulen richtig gut zu arbeiten, dann hätten wir viele Probleme, die wir heute hier haben, nicht.“[167]

[166] Vgl. ebd., 12:18 Minuten
[167] Vgl. ebd., 13:16 Minuten

Interview 5: Alpers

„Es ist eigentlich ein sehr schöner Stadtteil.“

Argumente für den Stadtteil Gaarden

Gaarden ist, so Alpers, ein überschaubarer Stadtteil. Er hat einen Stadtkern, in dem man beim Einkaufen immer Bekannte, Nachbarn und Freunde trifft. Zudem habe der Stadtteil einen hohen Wiedererkennungswert. Auch wenn sich manche Dinge änderten, bleibe vieles beim Alten. Gaarden bestehe aus einer gewachsenen Gemeinschaft, die ihren Bestand trotz vieler Einflüsse von außen halte und in der sich viele Menschen generationenübergreifend kennen. Der soziale Aspekt der Nachbarschaft spiele hier eine große Rolle.

Argumente gegen den Stadtteil Gaarden

In der jüngeren Vergangenheit mehren sich die Argumente gegen den Stadtteil. Zum einen sei dies die steigende Gewalt, zum anderen die inzwischen zu hohe Durchmischung deutscher Bewohner und Migranten.
„Ich denke, dass eine Zahl, annähernd an 50% zu hoch ist. [...] Ich nehme als Beispiel [...] die Schulen, die sehr stark durchsetzt [...] und [wo] die deutschen Kinder sehr oft in der Unterzahl sind. Ich meine nicht, sie müssten in der Überzahl sein, es sollte eine Gleichverteilung stattfinden.“[168]
Im Hinblick auf die weitere Entwicklung, die Integration in die Gesellschaft und das Erlernen eines Berufs, spricht sich Alpers für eine gleichmäßige Verteilung deutscher und ausländischer Kinder in den Schulklassen aus.
Außerdem werde der Stadtteil immer schmutziger und es gebe zu wenig Beleuchtung. Man könne, so Alpers, abends sowohl als Frau als auch als Mann bestimmte Bereiche nicht mehr betreten. Besonders nennt sie die Verbindung zur Innenstadt.

Gentrifizierung im Stadtteil Gaarden

Eine Gentrifizierung sieht Alpers im Stadtteil Gaarden bisher nicht, auch wenn es Versuche gegeben habe, einen solchen Prozess zu initiieren. Sollte es aber zu solch einem Prozess kommen, würde er sich positiv auf den Stadtteil auswirken. Die

[168] Vgl. Interview mit Elske Alpers, 2:15 Minuten

Verbesserungen, die es in Gaarden immer wieder gibt, sind laut Alpers häufig von kurzer Dauer, da sie an Projekte und kurzfristige Mittel gebunden sind.
„Investoren, die hier längerfristig arbeiten würden, wären richtig gut für den Stadtteil, solange sie nicht diejenigen verdrängen, die hier leben müssen aufgrund der Mieten: und diejenigen, die hier leben wollen, weil sie gerne hier sind."[169]
Es sei auch nicht zu befürchten, dass sich Gaarden in naher Zukunft zu einem „Schickeria"-Stadtteil entwickle, da er sich weder durch die Lage, noch die Nähe zur Werft dazu eignen würde. Zudem leben in Gaarden sehr viele Menschen auf sehr kleinem Raum.

Soziale Arbeit in Gaarden

Sie hat für Alpers und den Stadtteil einen hohen Stellenwert, da sie das Leben vieler Menschen durch kostengünstige und kostenlose Angebote verbessert habe. Die Angebote der Sozialen Arbeit seien nicht für jeden notwendig, doch man sehe, dass es viele Menschen gebe, die von den Angeboten profitieren.
Was die Vielfalt der sozialen Angebote angeht, sieht Alpers die Gefahr einer zu großen Spannweite.

„Ich würde mich auf einige wesentliche Punkte [...], auf Arbeit, Drogen- und Alkoholmissbrauch und [...] auf den ganz großen Bereich der Förderung der Kinder- und Jugendarbeit konzentrieren."[170]
Mit dieser Arbeit könne dem wachsenden Problem der Arbeitslosigkeit entgegengetreten werden, denn es gebe in Gaarden Familien, so Alpers, die in vierter Generation Sozialhilfe oder Hartz-IV empfangen. Einen weiteren Bedarf sieht sie bei der Förderung der Menschen, die zurzeit ihre Kinder erziehen, da diese häufig nicht von den Angeboten erreicht werden.
Trotzdem trage die Soziale Arbeit in ihrer Vielfalt zur Aufwertung des Stadtteils bei.
In Zukunft sei es die Aufgabe der Sozialen Arbeit, „die Kinder von der Straße [zu] holen. Und zwar mit umfassenden Angeboten, die ganze Familien mit einbeziehen."[171]

---

[169] Vgl. ebd., 4:53 Minuten
[170] Vgl. ebd., 7:10 Minuten
[171] Vgl. ebd., 8:20 Minuten

Dies würde seinen Beitrag leisten, um gegen Gewalt, Drogen- und Alkoholmissbrauch vorzugehen und um die Förderung von Kindern und Jugendlichen zu gewährleisten.

Die Zukunft des Stadtteils Gaarden

Sollte der Stadtteil in seinem jetzigen Zustand bleiben, dann ist sein Abstieg nicht mehr aufzuhalten, sagt Alpers, aber: „Wenn es in der Form weitergeht, wie die Initiativen es planen und wie auch die Sozialarbeit [...] hier läuft, [...] sehe ich eine große Chance für Gaarden.“[172]
Besonders im Bereich der Freizeitmöglichkeiten habe Gaarden Potential, schließlich befinden sich hier Schwimmbäder und die Kieler Musikschule. Außerdem sind Abteilungen der Universität in Gaarden ansässig. Wenn es gelingen würde, zu diesen Orten die Busanbindungen besser zu gestalten, könnte man mehr Menschen vom Westufer motivieren, nach Gaarden zu kommen, meint Alpers.
Die Aufgabe, sich der Stadtteilaufwertung anzunehmen, sieht sie bei verschiedenen Akteuren. Zunächst sei es Aufgabe der Landeshauptstadt und des Landes. Zudem solle die Stadt aber auch die Bürger motivieren. Wenn die Bürger selbst die Initiative ergreifen würden, hätten die Projekte Bestand. Denn sobald das Eigeninteresse der Gaardener betroffen sei, seien sie auch bereit mit anzupacken, glaubt Alpers.
Darüber hinaus sei es auch die Aufgabe der Parteien, die sich im Stadtteil zur Wahl stellen, sich in diesen Prozess mit einzubinden.

Interview 6: Midyatlı

„Das ist so typisch für eigentlich alles in Gaarden. Es fängt immer ganz groß an, mit ganz großem Mediengetöse und Versprechungen und hört dann mittendrin auf. Leider. Das liegt einfach daran, dass dieses Gebäude von dem Schmidt-Bau gekauft wurde und das, solange eine Bebauung dort nicht vollzogen worden ist, diese Brücke nicht zu Ende gebaut werden kann. Das heißt, dieses Grundstück, das da vorne ist [...], da muss erstmal gebaut werden, damit die Brücke dann einen Anschluss findet, um dann herüber zu wachsen. Aber es ist wirklich sinnbildlich für Gaarden. Das ist auch etwas, wofür wir [Gaardener] gar nichts können. [...] Aber es sind auch immer noch einige Stolpersteine im Weg, wo wir noch weiter Unterstüt-

[172] Vgl. ebd., 9:07 Minuten

zung brauchen.“ (Antwort auf die Frage, warum die Gaardener Brücke nicht zu Ende gebaut wurde und auf halbem Wege endet.)

Argumente für den Stadtteil Gaarden

Für Gaarden sprächen, so Midyatlı, die immer kurzen Wege. Dies gelte für nahezu alle Bereiche wie Arztpraxen, Banken, Einkaufsmöglichkeiten, andere Dienstleistungen, aber auch in den Bereichen Sport und Kultur. Der Stadtteil sei bunter als andere, die Menschen seien aufgeschlossener und zeigten dies auch. Man kommt mit den Bewohnern schnell und überall ins Gespräch.

Argumente gegen den Stadtteil Gaarden

Es sei in Gaarden nicht besonders leicht, eine größere Wohnung zu finden, wenn die Familie größer werde. Das sei für sie selbst, sagt Midyatlı, ein Grund gewesen, aus dem Stadtteil wegzuziehen. Ein weiterer Grund sei die schwierige Schulsituation in Gaarden.
„Wir haben Migrationshintergrund. Meine Kinder dementsprechend auch und es ist leider noch so, dass es eher als Handicap als als Vorteil gesehen wird. Und dann haben wir geguckt, wo unser Sohn am besten aufgehoben sein würde. Und das haben wir leider […] in Gaarden nicht gesehen.“[173]

Gentrifizierung in Gaarden

Im Hinblick auf Zuzüge und Wegzüge sei Gaarden schon immer ein aktiver Stadtteil gewesen, sagt Midyatlı. Die älteren Bewohner blieben in der Regel in Gaarden, dasselbe gelte für Menschen mit Migrationshintergrund der ersten Generation. Bei den jüngeren Bewohnern und bei den jungen Familien lasse sich ein ständiger Wechsel beobachten.
Midyatlı berichtet, dass gerade junge Familien ihre Kinder in den Kindertagesstätten betreuen lassen, doch sobald die Kinder das schulpflichtige Alter erreichten, zögen die Eltern andere Stadtteile vor.
„Wir haben jedes Jahr zu Studienbeginn auch ganz viele Studenten, die nach Gaarden ziehen. Die meisten bleiben aber nur drei bis sechs Monate und ziehen dann

---

[173] Vgl. Interview mit Serpil Midyatlı, 2:36 Minuten

[...] wieder weg. [...] Ich denke, der Hauptgrund ist [...] das Image.[174]
Viele Probleme in sozial benachteiligten Stadtteilen wären leichter zu lösen, wenn sie eingrenzbarer oder übersichtlicher würden. Die Probleme in Gaarden hingen mit dem Migrationshintergrund oder mit der Arbeitslosigkeit zusammen, aber auch mit beiden Faktoren, so Midyatlı. Da sich die Probleme in Gaarden konzentrierten, sei es nur schwer möglich, dort andere Strukturen aufzubauen.
Es sei nicht zu erwarten, dass sich Gaarden zu einem Luxusstadtteil entwickle, da der Stadtteil eine lange Tradition in dörflicher Struktur habe, in dem viele Menschen schon seit Generationen leben. Gaarden sei ein gewachsener und stolzer Stadtteil, der sich dieses Image, so Midyatlı, nicht nehmen lassen werde.
„Die zentrale Lage von Gaarden könnte [...] dazu führen, wenn wir uns den demographischen Wandel angucken, [...] dass im Ländlichen Raum viele [...] ‚Best-Ager', wenn die Kinder aus dem Haus sind, lieber in der Stadt wohnen wollen. [...] Und da ist Gaarden natürlich prädestiniert."[175]
Diese Menschen suchten dann die Nähe zur Innenstadt, zu kulturellen Angeboten und zu einer besseren Infrastruktur. Diese Zielgruppe könne zwar zur Durchmischung in Gaarden beitragen, so Midyatlı, aber eine grundständige Veränderung sei im Moment unvorstellbar.

Soziale Arbeit in Gaarden

Im Bereich der sozialen Angebote in Gaarden gibt es laut Midyatlı inzwischen viele Überschneidungen, manche Angebote könnten in komprimierterer Form möglicherweise größere Erfolge erzielen. Nichtsdestotrotz habe die Soziale Arbeit einen hohen Stellenwert im Stadtteil.
„Wer einmal was mit Gaarden zu tun gehabt hat, [...] ist irgendwie fasziniert. Es gibt mittlerweile auch [...] Menschen, die als Beschäftigte [...] an einem Projekt gearbeitet haben [...[und wenn das Projekt beendet ist und sie rausgehen, immer noch ein großes Interesse an Gaarden haben, teilweise [...] immer noch Veranstaltungen besuchen [...] und sogar den einen oder anderen, der ehrenamtlich weitermacht."[176]
Viele dieser Menschen hätten im Rahmen ihrer Tätigkeiten ihre Faszination für den Stadtteil entdeckt und seien geblieben. Das sei ein Aspekt, der ganz besonders für Gaarden spreche, sagt Midyatlı.

---

[174] Vgl. ebd., 3:57 Minuten
[175] Vgl. ebd., 6:29 Minuten
[176] Vgl. ebd., 8:19 Minuten

Besonders die Kinder- und Jugendarbeit sowie die Angebote für Familien, trügen zur Aufwertung des Stadtteils bei. In anderen Bereichen herrsche aber auch Stagnation, viel passiere in diesen Bereichen nicht, es komme höchstens zu Verschiebungen.

„Die Drogenszene zum Beispiel. [...] die Lösungen, die wir da präsentiert bekommen, führen eher dazu, das es zu einer Verschiebung kommt. Und es gibt auch [...] keine einfache Lösung [...]. Das ist aber, was in der öffentlichen Wahrnehmung gesehen wird. Und da denkt man eher, da passiert ja gar nichts.“[177]

In diesem Bereich müsse weiter daran gearbeitet werden, andere Lösungsansätze zu finden.

Besonders interessant sei in der nächsten Zeit das Ganztags-Projekt der Hans-Christian-Andersen-Schule, wo es darum gehe, die Konzepte erfolgreich umzusetzen und zu sehen, wie sich die finanzielle Förderung entwickle, um das Projekt zum Erfolg zu führen. Ein weiterer Aspekt sei die Zukunft der Fridtjof-Nansen-Schule, der wegen geringer Schülerzahlen die Schließung drohe. Da müsse man sehen, so Midyatlı, wie es mit der Schule weitergehe.

Das Ziel der gebundenen Ganztagsschule oder der gebundenen Gemeinschaftsschule solle weiter verfolgt werden; in diesem Zusammenhang sollte auch die Jugendarbeit an den Schulen ausgebaut werden. Denn: Die Förderung der Schüler zeige, dass eine Biographie, beginnend an einer Hauptschule über den Realschulabschluss bis hin zu einem universitären Studiengang, auch für Bewohner Gaardens möglich sei.

Die Zukunft des Stadtteils Gaarden

„Ich wünsche mir, dass das Engagement der Menschen so weitergeht, wobei man natürlich dazu sagen muss, dass diejenigen, die sich engagieren auch älter werden und da muss man dann rechtzeitig wieder neue Menschen dazu gewinnen.“[178]

Einige weitere Aspekte für die Zukunft Gaardens sind laut Midyatlı: den Zugang zum Arbeitsmarkt, im Besonderen zum ersten Arbeitsmarkt, auszubauen, denn diejenigen, die wirklich arbeiten wollten, sollten auch die Möglichkeit dazu bekommen. Die Postleitzahl 24143 dürfe dabei nicht weiter ein Hinderungsgrund sein. Außerdem sollten die Menschen, die einen Ausbildungsberuf erlernen wollen, ebenfalls die Möglichkeit erhalten.

[177] Vgl. ebd., 9:54 Minuten

[178] Vgl. ebd., 12:34 Minuten

Eine Prognose für Gaarden zu treffen sei nicht leicht, sagt Midyatlı. Manchmal passiere vieles ganz schnell und manchmal passiere lange Zeit nichts. Gaarden befinde sich derzeitig in einem Wandel, in dem sich in den kommenden zehn Jahren sehr viel verändern könne.

Letztendlich sei es die Aufgabe von Bürgern, Wirtschaft und Politik, sich für Gaarden einzusetzen, wobei allerdings die Kommunikation zwischen der Verwaltung und den örtlichen Politikern sehr gut funktioniere. Die wiederholte Behandlung besonderer Themen im Ortsbeirat und in der Presse schafften meist die erforderliche Öffentlichkeit, letztlich weil die Gaardener Bürger auch sehr hartnäckig sein könnten. Wünschenswert wäre es, wenn sich die Gaardener Bürger auch bei der Vorstellung positiver Aspekte ihres Stadtteils beteiligen würden und nicht, wie es häufig vorkommt, nur die negativen Dinge erwähnen.

Interview 7: Jaschik

„Ich zitiere [...] Herrn Lessing: ‚Kunst geht nach Brot' und auch Soziale Arbeit geht nach Brot. Und wenn die nicht bezahlt wird, wird es auch niemanden geben, der das auf Dauer qualitativ hochwertig leisten kann. Und wir können nicht erwarten, dass Spitzenleute mit hohem Einsatz arbeiten und dann aber zum Arbeitsamt laufen und sich mit Sozialhilfe respektive Hartz IV über Wasser halten müssen."

Argumente für den Stadtteil Gaarden

„Gaarden hat eine Atmosphäre, wie ich sie als Schüler und Jugendlicher erleben konnte in Neukölln und zwar nicht auch das, was man medial als Problem-Vorzeige-Stadtbezirk Neukölln kennt, sondern was man dort mit den Leuten erlebt und was für eine Stimmung dort ist."[179]

Der Stadtteil sei, wie es in den Medien dargestellt werde, mit einer gewissen Aggression belegt, aber auch mit einem „Flair von ‚Noch-Freiheit'", so Jaschik.

---

[179] Vgl. Interview mit Matthias Jaschik, Teil 1, 0:51 Minuten

Argumente gegen den Stadtteil Gaarden

Menschen, die noch nie mit einem solchen Milieu und Problemen wie Drogensucht, Arbeitslosigkeit und Alkoholismus konfrontiert wurden, erlitten, wenn sie nach Gaarden kommen, einen Kulturschock. Jaschik sagt, er erlebe es auch bei Kollegen und Bekannten, die nach Gaarden kämen und nach einem kurzen Aufenthalt einen anderen Stadtteil vorzögen. Sie sagten, sie hätten es probiert, in Gaarden zu leben, würden sich aber abends nicht trauen auf die Straße zu gehen.

Gentrifizierung in Gaarden

In den vergangenen fünf Jahren, in denen Jaschik in Gaarden arbeitete, sei ihm durchaus positive Veränderung zwar aufgefallen, aber er erhoffe sich mehr Gentrifizierung. „Nach zwei Schritten vorwärts kommt immer ein Schritt zurück."[180]
In letzter Zeit seien zwar vermehrt Studierende nach Gaarden gezogen, doch die Ur-Bevölkerung mache immer noch den größten Teil aus. Eine Verdrängung der niedrigeren Statusgruppen sehe er noch nicht, sehne sie sich aber herbei, sagt Jaschik.

Die Soziale Arbeit in Gaarden

„[Soziale Arbeit] hat einen immens hohen Stellenwert. Allein dass Norbert Aust[181] sich damals entschloss, das Theater nach Gaarden zu ‚packen', ist glaube ich, ein Zeichen. Er hatte mehrere Angebote, es auch woanders hin zu platzieren, ans Westufer, in andere Stadtteile und er hat ganz bewusst gesagt, wir gehen nach Gaarden, weil dort diese Arbeit wichtig und notwendig ist und das sehen wir auch bei unseren theaterpädagogischen Nachbesprechungen, den Vorstellungen an sich, bei Stadtteilaktionen, wo wir mitmachen und der Wiedererkennungswert für unsere Arbeit [und] die allgemeine Soziale Arbeit sehr hoch ist und sehr gern angenommen wird."[182]
Auch wenn die Soziale Arbeit, so Jaschik, sehr zur Aufwertung des Stadtteils beitrage, sei wünschenswert, wenn auch die künstlerische Arbeit einen höheren Stellenwert einnehmen würde, da das Theater eher allein dasteht.

---

180 Vgl. ebd., Teil 1, 2:48 Minuten
181 Norbert Aust ist Leiter des Werftparktheaters in Gaarden. [P.H.]
182 Vgl. Interview mit Matthias Jaschik, Teil 2, 0:55 Minuten

Neben den Aufgaben, die sich der Sozialen Arbeit im Stadtteil stellen, wäre es sehr positiv, so Jaschik, wenn es zusätzlich eine Art „künstlerische Früherziehung" organisiert werden könnte. In diesem Rahmen könnten Angebote für Klassen erarbeitet werden, die an Tanz- oder Schauspielworkshops oder bildenden künstlerischen Workshops kostenlos teilnehmen könnten. Diese Projekte sollten materiell unterstützt werden, damit diese Arbeit nicht „im Sande verläuft".

Die Zukunft des Stadtteils Gaarden

Das Mietniveau werde in den nächsten Jahren weiter steigen vermutet Jaschik. Schon jetzt bemerke er, dass die Wohnungen neuer Kollegen am Theater teurer geworden sind. Eine Verdrängung der alteingesessenen Gaardener Bevölkerung könnte somit auch möglich sein. Dass aber eine Entwicklung wie im Berliner Bezirk Prenzlauer Berg stattfinden werde und viele junge Familien den Leerstand in Gaarden auffüllten, sei nicht zu erwarten. Vielmehr hätten die Wohnungen Potential für Studierende. Das hänge damit zusammen, so Jaschik, dass die Wohnungen am Westufer für Studierende immer unerschwinglicher würden und die Studiengänge immer voller. Somit könnte sich Gaarden zu einem Studentenviertel entwickeln.
Zur Aufwertung des Stadtteils könnte die Förderung der Kneipenkultur beitragen. Im besten Falle könnten Kneipen für Kunst, Kultur oder Soziale Arbeit genutzt werden, dabei müsse gewährleistet sein, dass jungen Leuten Räume für Theater oder Konzerte zur Verfügung gestellt werden.
Die Aufwertung des Stadtteils zu fördern ist laut Jaschik Aufgabe der Menschen, die „aktiv" in Gaarden wohnen. Jeder könne seinen Beitrag leisten, sei es durch die konstruktive Teilnahme an einem Stadtteilfest, die Bereitschaft, sich in einem Café oder ähnlichem tatkräftig zur Verfügung zu stellen, oder auch durch eigene Angebote in den Bereichen Kunst, Kultur und Sozialem.
Die Organisation liege bei der Landeshauptstadt Kiel sowie dem Land Schleswig-Holstein die die Gelder zur Verfügung stellen müssten.

Historische Wohnhausfassade am Vinetaplatz.

6. Zusammenfassung

In der folgenden Zusammenfassung sollen die Kernaussagen der Interviews dargestellt werden. Sie werden unterteilt in die drei Kategorien „Gemeinsamkeiten", „Differenzen" und „Widersprüche.

6. Zusammenfassung

Gemeinsamkeiten:

Argumente für den Stadtteil:

Allen Interviewpartnern ist gemein, dass sie dem Stadtteil Gaarden etwas Positives abgewinnen können. Zusammenfassend lässt sich feststellen, dass die kulturelle Durchmischung, die Grünflächen und die Größe des Viertels wichtig sind für die Experten, die dort leben und arbeiten. Auch die Nähe zur Kieler Innenstadt, die Verkehrsanbindungen sowie die Bausubstanz finden häufig Erwähnung. Werden die einzelnen Beschreibungen zusammengefasst, ergibt sich das Bild eines überschaubaren multi-kulturellen, grünen Stadtteils in der Nähe der Kieler Förde und der Innenstadt.

Argumente gegen den Stadtteil:

Allen Interviewpartnern fiel auf Nachfrage etwas ein, was dagegen spricht, im Stadtteil zu wohnen oder zu arbeiten. Einigkeit herrscht in diesem Zusammenhang bei den Themen Sauberkeit und Sicherheit.

Gentrifizierung:

Alle Interviewpartner sind sich einig, dass es einen Gentrifizierungsprozess in Gaarden nicht gibt und auch nicht geben wird. Ebenso herrscht Einigkeit bei der Interpretation des Begriffs. Eine Aufwertung Gaardens würde von den meisten begrüßt, solange es nicht zu Verdrängungsprozessen kommt. Zudem verbinden die meisten den Begriff Gentrifizierung mit Modellen in den Großstädten Hamburg und Berlin, in denen es zu solchen Prozessen kam, weil die Voraussetzungen ganz andere sind als in Kiel.

Soziale Arbeit in Gaarden:

Es herrscht Einigkeit unter den Interviewpartnern, dass die Soziale Arbeit einen hohen Stellenwert in Gaarden einnimmt.
Ein zentraler Aspekt ist die Qualität der Sozialen Arbeit. Dabei ziehen die Experten eine qualitativ hochwertige Soziale Arbeit der Anwendung allgemeiner Projekte im Stadtteil vor.

6. Zusammenfassung

Die Zukunft des Stadtteils:

Die Experten sind sich einig in der Frage, wessen Aufgabe die Aufwertung des Stadtteils ist. Sie sehen neben dem Land Schleswig-Holstein und der Landeshauptstadt Kiel die Verantwortung bei den Politikern im Stadtteil, aber auch und gerade bei den Bürgern.
Solange die Menschen mit niedrigem Einkommen oder im Leistungsbezug des Jobcenters wegen des preisgünstigen oder billigen Wohnraums gezwungen sind, nach Gaarden zu ziehen, werde sich die Bevölkerungsstruktur nicht maßgeblich verändern.

Differenzen:

Argumente für den Stadtteil:

Alle Interviewpartner sehen unterschiedliche Vorteile im Stadtteil. Aus diesen ergibt sich ein positives Gesamtbild.

Argumente gegen den Stadtteil:

Unterschiede finden sich in der Darstellung der Probleme im Stadtteil. Auf der einen Seite werden Kriminalität und Angsträume direkt angesprochen, auf der anderen Seite werden hauptsächlich soziale Probleme und die Schulsituation genannt.
Jaschik sieht in Gaarden Möglichkeiten zu leben, wenn die Voraussetzungen die richtigen sind. Er bezieht sich auf Kolleginnen und Kollegen, die aus anderen Städten und besser gestellten Stadtteilen zuziehen und dann Schwierigkeiten haben, sich einzuleben.

Gentrifizierung:

Im Gegensatz zu den anderen Interviewpartnern sieht Mrozek die Gentrifizierung aus Investitionssicht am Germania-Hafen und in Gaarden-Süd. Die anderen Interviewten betrachten einen möglichen Prozess aus immobilienwirtschaftlicher Richtung. Dickhoff sieht zudem die Studierenden als mögliche Gentrifizierer, zumindest in anderen Städten.

6. Zusammenfassung

Soziale Arbeit in Gaarden:

Aufgrund ihrer Biographien und Funktionen sehen die Interviewpartner unterschiedliche Zielgruppen für die Soziale Arbeit.
Dickhoff sieht den größten Bedarf in Gaarden bei den Arbeitsplätzen. In erster Linie gehe es dabei um die Arbeitsgelegenheiten mit Mehraufwandsentschädigungen, also „Ein-Euro-Jobs". Başoğlu sieht einen Bedarf an Angeboten auch außerhalb der Sozialen Arbeit.
Jaschik hingegen spricht sich für eine Förderung der kulturellen Arbeit aus.

Die Zukunft des Stadtteils:

Die Experten sehen Potential im Stadtteil, jedoch aus verschiedenen Gründen. Başoğlu und Alpers sehen die Besonderheiten des Standorts Gaarden im Hinblick auf die Bildungseinrichtungen wie die Fachhochschule oder die Abteilungen der Technischen Fakultät, Jaschik erwartet mehr Studierende im Stadtteil, da er von einer deutlichen Mietpreiserhöhung am Westufer ausgeht und die Studierenden damit gezwungen werden, ans Ostufer zu ziehen.

Widersprüche:

Argumente für den Stadtteil:

Es gibt keine Widersprüche.

Argumente gegen den Stadtteil:

Es gibt keine Widersprüche.

Gentrifizierung:

Im Gegensatz zu allen anderen Interviewpartnern würde Jaschik die Verdrängung so genannter Statusgruppen begrüßen.

6. Zusammenfassung

Soziale Arbeit in Gaarden:

Mrozek sieht in der Sozialen Arbeit in Gaarden keinen Aufwertungscharakter.

Die Zukunft des Stadtteils:

Es gibt keine Widersprüche.

Wohngebiet am Ostring.

7. Interpretation

Ziel dieser Studie war es herauszufinden, welchen Beitrag die Soziale Arbeit zur Stadtteilaufwertung im Kieler Stadtteil Gaarden leistet.

Nach der Einleitung ging es im zweiten Kapitel darum, einen Überblick über die Geschichte der Sozialen Arbeit kurz aufzuzeigen und die Definitionen dieser Profession im Laufe seiner Geschichte herauszuarbeiten. Ein weiterer Aspekt war die Vorstellung der Gemeinwesenarbeit als besondere Funktion der Sozialen Arbeit in einem Stadtteil. Im dritten Kapitel wurde die Herkunft des Gentrifizierungsbegriffes geklärt. Zudem wurde das Standardmodell eines Gentrifizierungsprozesses, der in vier Phasen verläuft, vorgestellt. Das vierte Kapitel widmete sich dem Stadtteil Gaarden in seiner Geschichte seit der Ernennung der Stadt Kiel zum Reichskriegshafen im Jahr 1871 und seiner Entwicklung bis heute. Das fünfte Kapitel zeigte den Übergang von der Theorie zur Praxis durch die Methodenauswahl sowie die Darstellung und die Durchführung der Experteninterviews auf.

Im sechsten Kapitel wurden die Kernaussagen der Interviews zusammengefasst. Das siebte Kapitel interpretiert die Ergebnisse vor dem Hintergrund der theoretischen Grundlagen. In Kapitel acht wagt der Verfasser einen „Blick über den Tellerrand“ und versucht anhand der gewonnenen Erkenntnisse seine Perspektiven für Gaarden im Hinblick auf Gentrifizierung und Soziale Arbeit zu formulieren.

7.1 Gentrifizierung im Kieler Stadtteil Gaarden – Welchen Beitrag kann Soziale Arbeit zur Stadtteilaufwertung leisten?

Bei Gentrifizierung handelt es sich um einen Prozess, in dem, unterteilt in vier Phasen, die Bevölkerung eines Stadtteils verdrängt und durch eine besserverdienende Bevölkerungsgruppe ersetzt wird. Das dargestellte Vier-Phasen-Modell beschreibt die Standardvariante, wie solch ein Prozess verlaufen kann. Es gibt nicht nur noch weitere Modelle, es kann in einem Quartier auch dazu kommen, dass ein Gentrifizierungsprozess beginnt und vorzeitig endet. Eine weitere Möglichkeit ist, dass nicht mit der ersten Phase begonnen wird, bei der die so genannten Pioniere in den Stadtteil ziehen. Ein Gentrifizierungsprozess könnte auch mit dem Aufkaufen von mehreren Wohnhäusern und der Ansiedlung von Geschäftshäusern an dieser Stelle beginnen. Auch in dieser Variante ist ein vorzeitiges Ende des Prozesses möglich.

Die Interviews mit den Experten, die in Gaarden wohnen und/oder arbeiten, haben gezeigt, dass keiner von ihnen eine Gentrifizierung im Stadtteil festgestellt hat oder in der Zukunft eine solche erwartet. Zudem wurde festgestellt, dass die Prozesse des sozialen Wandels in der Vergangenheit immer wieder in Gaarden stattgefunden haben, ohne dass dort maßgebliche Veränderungen stattgefunden hätten.

Im dritten Kapitel wird neben dem Vier-Phasen-Modell der Gentrifizierung auf das „Invasions-Sukzessions-Zyklus"-Modell eingegangen. Dieses Modell bezeichnet das Gegenteil der Gentrifizierung („gentry" = Adel), bei dem die leerstehenden Wohnungen von statusniedrigeren Gruppen bezogen werden und somit die Stammbevölkerung aus dem Stadtteil verdrängt wird.
Wie den Darstellungen der Interviewpartner zu entnehmen war, entwickelt sich Gaarden eher in diese Richtung. Dabei sollte aber festgestellt werden, dass die Gruppe, die in diesem Fall die alteingessenen Bürger dazu veranlasst, den Stadtteil zu verlassen, in den meisten Fällen nicht von sich aus nach Gaarden ziehen, sondern weil die dort geltenden Mietobergrenzen die Menschen im Leistungsbezug der Jobcenter geradezu zwingen, sich in Gaarden eine Wohnung zu suchen. Nicht nur die Arbeitsuchenden, sondern auch jene, die bereits aufgegeben haben, sammeln sich in dem Stadtteil am Ostufer. Gleichwohl bleibt festzuhalten, dass Gaarden auch ein Stadtteil ist, für den sich viele Menschen, ob schon lange dort lebend oder zugezogen, bewusst entschieden haben, sei es wegen der städtebaulichen Originalität, der Infrastruktur oder des sozialen Umfeldes.

Um den Zerfall des Stadtteils aufzuhalten, sind alle Menschen und Institutionen gefragt, insbesondere die Soziale Arbeit. In den Interviews wurde es des Öfteren festgestellt: Eine Aufwertung des Stadtteils kann nur erfolgen, wenn die Menschen aktiviert werden, an der Gestaltung ihres Stadtteils mitzuwirken. Die Soziale Arbeit ergreift in diesen Situationen Partei für die Bürger und deren Bedürfnisse und Probleme. Sie hat die Aufgabe, den Betroffenen Hilfestellung zu leisten und den Bedürftigen ihre Wege und Möglichkeiten aufzuzeigen.

Ein wichtiger Aspekt ist zudem, dass sich die Soziale Arbeit daran orientiert, regelmäßig den Blick auf den Stadtteil, die Menschen und die Probleme vor Ort neu zu sortieren. Denn nur wenn die Tätigkeit hinterfragt wird, kann eine qualitativ hochwertige Soziale Arbeit ihren Ansprüchen gerecht werden, ohne ihre Angebote frei von Hintergedanken über die Problemlage oder den Stadtteil zu stülpen.

In diesem Zusammenhang seien die Ziele der „Programmkonzeption Soziale Stadt Schleswig-Holstein" noch einmal genannt: „Nachhaltige Stadtteilentwicklung und Herstellung der Grundlagen für eine selbsttragende Entwicklung; Prävention drohender sowie Beseitigung bestehenden städtebaulicher und sozialer Missstände und Konflikte; Bündelung aller geeigneten Finanz- und Humanressourcen auf Stadtteilebene sowie umfassende Partizipation und Aktivierung der Bewohnerinnen und Bewohner des Stadtteils".[183] Diese Ziele werden dem Anspruch einer stadtteilbezogenen Sozialen Arbeit gerecht.

Soziale Arbeit leistet einen hervorragenden Beitrag zur Stadtteilaufwertung, selbst wenn das nicht gesehen werden sollte. Die Summen der Hilfestellungen und Maßnahmen am Einzelnen werden subjektiv nicht unbedingt wahrgenommen. Auch aus diesem Grund genießt Gaarden den Ruf, den es zurzeit hat.
Die Verantwortung für die Aufwertung des Stadtteils liegt nicht nur bei den freien und öffentlichen Trägern vor Ort, sondern auch bei Bund, Land und Kommune. Denn diese schaffen auf all ihren Ebenen die Grundlagen, die eine solche Entwicklung wie sie gerade in Gaarden stattfindet, erst möglich macht.

[183] s. http://www.sozialestadt.de/veroeffentlichungen/arbeitspapiere/band3/4_schleswig-holstein-konzeption.pdf

Blick Richtung Gaarden vom Verwaltungsgebäude der Universität Kiel.

8. Ausblick

Anhand von vier Thesen, die sich mit der Zukunft des Stadtteils Gaarden befassen, soll ein Ausblick formuliert werden, dem die gewonnen Erkenntnisse zugrunde liegen.

8. Ausblick

8.1 Thesen

Erste These:
„In Gaarden wird es kurz- und mittelfristig keine Gentrifizierung geben."

Die Interviewpartner waren der Überzeugung, dass es in Gaarden keinen Gentrifizierungsprozess gegeben habe, zurzeit keinen gibt und auch nicht geben wird. Es wurde zwar auch festgestellt, dass es Veränderungen gibt, diese seien aber so klein, dass sie sich nicht auf die Struktur des Stadtteils auswirken werde.
Die Feststellung von Dickhoff, dass sich die sozialen Prozesse, die zu einer Gentrifizierung führen könnten, seit 30 Jahren wiederholen, ohne dass es dazu kommt, lassen den Schluss zu, dass es auch in den nächsten Jahren nicht dazu führen wird. In der Summe sind es die vielen kleinen Aspekte, die von allen Interviewpartnern genannt wurden, die einen solchen Prozess verhindern. Im Besonderen seien hier die Wohnungssituation, die Kriminalität und der Ruf der Schulen genannt. Aus diesen Gründen ziehen junge Familien in andere Stadtteile. Spätestens, wenn die Kinder im schulpflichtigen Alter sind.
Da Bewerbungen aus den Postleitzahlbereichen 24143 (Gaarden) und 24109 (Mettenhof) als diejenigen mit geringeren Chancen auf dem Arbeitsmarkt gelten, kann weder von den Familien erwartet werden, dass sie zurückkehren, noch dass die Jugendlichen im Stadtteil bleiben, wenn sie die Möglichkeit haben, woanders zu wohnen.

Zweite These:
„Gentrifizierungsmodelle wie in Hamburg und Berlin sind auf Kiel nicht übertragbar, weil die Stadt weder mit Hamburg noch mit Berlin verglichen werden kann."

Im Zusammenhang mit dem Gentrifizierungsbegriff werden meist die Großstädte Hamburg und Berlin genannt. Doch die dort stattfindenden Gentrifizierungsprozesse lassen keinerlei Prognosen für Kiel respektive Kiel-Gaarden zu. Dies hat mehrere Gründe. Das Statistische Bundesamt hat die Einwohnerzahlen der drei Städte im Oktober 2011 neu veröffentlicht. In Berlin leben 3.460.725 Menschen auf 887,70 Quadratkilometern, in Hamburg 1.786.448 Menschen auf 755,16 Quadratkilometern

und in Kiel „nur“ 239.526 Menschen auf 118,65 Quadratkilometern.[184]
Zudem unterscheiden sich die drei Städte in ihrer historischen Entwicklung, Infra- und Sozialstruktur.
In Hamburg und Berlin werden verschiedene Stadtteile als „Kiez“ bezeichnet. Diese Bezeichnung stammt aus dem Slawischen und hat ihren Weg hauptsächlich in den norddeutschen Sprachgebrauch gefunden. Dabei handelt es sich um einen Ausdruck für Stadtviertel oder abgesonderte Ortsteile.[185] In der „sozialräumlichen Fachplanung“ werden diese Stadtteile als „Lebensweltlich Orientierte Räume (LOR)“[186] bezeichnet. Diese einzelnen Kleinstädte in einer Großstadt gibt es nach dieser Definition in Kiel nicht, da Kiel in eine dörfliche Struktur eingebettet ist.
Der Zuzug der so genannten Gentrifier ist in Gaarden nicht zu erwarten, da die dieser Gruppe angehörenden Menschen die Möglichkeit haben, in Kiel und Umgebung für sie attraktiveren Wohnraum zu finden. Für die von Midyatlı genannten „Best-Ager“, die die Nähe zur Stadt und zu kulturellen Angeboten suchen ist Gaarden zwar ein potentieller neuer Wohnort, doch gibt es in der näheren Umgebung Wohnraum mit einer besseren Reputation wie etwa Preetz oder Schwentinental im Landkreis Plön.
Ein weiteres Argument, das im Zusammenhang mit Hamburg und Berlin stets genannt wird, sind Investitionen von Immobiliengesellschaften, die preiswerten Wohnraum aufkaufen, renovieren und einer besser situierten Zielgruppe zur Vermietung oder zum Kauf anbieten. Eine solche Entwicklung ist im Stadtteil Gaarden-Ost nicht zu beobachten. Zwar gibt es die so genannten „Filetstücke“ im Bereich des Germania-Hafens, doch wird dieser zu Gaarden gehörende Bereich im Stadtentwicklungsprojekt Schleswig-Holstein als „Kai-City Kiel“[187] bezeichnet.
Solange die „Gaardener Brücke“ nicht den Stadtteil mit dem Westufer verbindet, wird Gaarden-Ost nicht mit der „Kai-City Kiel“ in Verbindung gebracht werden. In der Projektbeschreibung heißt es: „Die Kai-City Kiel zeigt in eindrucksvoller Weise, wie auf einer ehemaligen Werft- und Industriebrache ein neuer attraktiver Stadtteil am Wasser heranwächst.“ Gaarden wird in der Beschreibung nicht erwähnt.[188]

---

[184] s.http://www.destatis.de/jetspeed/portal/cms/Sites/destatis/Internet/DE/Content/Statistiken/Regionales/Gemeindeverzeichnis/Administrativ/AdministrativeUebersicht,templateId=renderPrint.psml
[185] Vgl. Duden, Fremdwörterbuch, (1990), S. 399
[186] s. "Lebensweltlich orientierte Räume im Regionalen Bezugssystem des Landes Berlin 2008", Amt für Statistik Berlin-Brandenburg, S. 4
[187] s. http://www.schleswig-holstein.de/cae/servlet/contentblob/612090/publicationFile/kai-city_pdf.pdf
[188] s. ebd.

8. Ausblick

Dritte These:

„In Gaarden wird der Zuzug neuer Bewohner nicht zu einer sozialen Durchmischung führen."

Die Bevölkerung in Gaarden ist seit 2001 stetig gewachsen, lediglich von 2009 auf 2010 war ein Rückgang zu verzeichnen.[189] Doch auch ein Zuwachs der Bevölkerungszahlen führt nicht zwangsläufig zu einer neuen sozialen Durchmischung des Stadtteils.
Dies hängt mit den Mietpreisen in der Stadt Kiel zusammen. Während der niedrigste Preis pro Quadratmeter in Gaarden-Ost im September 2011 für eine Wohnung von 40 bis 80 Quadratmetern 1,59 Euro beträgt[190], wird der niedrigste Preis für den Quadratmeter für den Stadtteil Südfriedhof mit 5,09 Euro angegeben[191].
Solange die Mietwohnungen in Gaarden so erschwinglich bleiben, werden die Empfänger von Transferleistungen gezwungen sein, sich dort eine Wohnung zu suchen, für die das Jobcenter die Kosten der Unterkunft (KdU) übernimmt.
Dem Stadtteil droht angesichts dieser Entwicklung die Ghettoisierung. Weniger dramatisch formuliert lässt sich feststellen, dass sich heterogene Strukturen in Gaarden weiter zurückentwickeln werden. Aufgrund der steigenden Mieten in Kiel besteht hingegen die Möglichkeit, dass sich junge Leute, die sich für ein Studium in Kiel entscheiden, eine Wohnung in Gaarden suchen, denn der Stadtteil verfügt eigentlich über alles, was für ein Studentenviertel erforderlich ist.
Mit dem Werftpark beziehungsweise Volkspark gibt es eine Ausweichmöglichkeit, ähnlich dem Schrevenpark am Westufer. Das Werftparktheater, die Räucherei und andere Anbieter decken das kulturelle Angebot ab, der Stadtteil vermittelt den Eindruck alternativen Lebens und die Wohnungsangebote, Einkaufsmöglichkeiten und Kneipenkultur ist für Studierende preisgünstig. Zudem verfügt Gaarden über eine Busverbindung zur Universität sowie zur Fachhochschule und über optimale Verkehrsanbindungen in die Innenstadt. In den für diese Studie geführten Interviews wurde des Öfteren auch über die Studierenden gesprochen, die sich positiv auf den Stadtteil Gaarden auswirken können. Dickhoff wies darauf hin, dass Studierende im Stadtteil Präsenz zeigen müssen, nur dort zu wohnen reiche nicht aus.
Başoğlu würde den Zuzug von Studierenden nach Gaarden begrüßen und sieht mit der Standortsicherung der Technischen Fakultät der Christian-Albrechts-Universität

---

[189] Vgl. Statistischer Jahresbericht der Landeshauptstadt Kiel 2010, (2010), S. 25

[190] s.http://www.immowelt.de/immobilien/immomarktmiete.aspx?geoid=10801002000011&etype=1&esr=2

[191] http://www.immowelt.de/immobilien/immomarktmiete.aspx?geoid=10801002000030&etype=1&esr=2

und dem Ausbau der Fachhochschule eine Chance für den Stadtteil. Mrozek stellte fest, dass Studierende wegen des Images nicht nach Gaarden ziehen und Ristau vertrat den Standpunkt, dass sich die Bedingungen verbessern müssten, damit die Studierenden nach Gaarden ziehen. Jaschik erkennt in den vergangenen Jahren den Zuzug von Studierenden nach Gaarden und vermutet, dass es aufgrund der steigenden Wohnungspreise am Westufer in den nächsten Jahren noch mehr werden.

Im Oktober 2011 haben die Christian-Albrechts-Universität und die Kieler Verkehrsgesellschaft (KVG) die Erweiterung der Buslinie 60S bekannt gegeben. Diese Linie stellte bisher die schnellste Verbindung zwischen der Universität (Stadtteil Ravensberg) und dem Hauptbahnhof dar. Um beide Hochschulstandorte in Kiel (die Universität auf dem West- und die Fachhochschule auf dem Ostufer) zu verbinden, wurde die Linie ausgebaut.

Diese Erweiterung stellt sich als Vorteil für die Studierenden und Mitarbeiter der beiden Hochschulen sowie als Entlastung für die zur Universität und zur Fachhochschule (Stadtteil Dietrichsdorf) fahrenden Buslinien heraus. Zudem ergibt sich ein weiterer positiver Aspekt, den der Kanzler der Fachhochschule in der Pressemitteilung der KVG formulierte: „Vor dem Hintergrund der aktuellen Wohnraumprobleme erschließt sie auch für die Studierenden der Universität attraktiven neuen Wohnraum auf dem Kieler Ostufer.“[192]

Durch die Haltestellen „Karlstal“ und „KVG Betriebshof Werftstraße“ in Gaarden kann der Stadtteil für Studierende wieder interessant werden, da einer der Gründe, wegen dem sich Studierende gegen das Ostufer ausgesprochen haben, nun relativiert wurde. Trotz alledem schafft es der Stadtteil bisher nicht, seinen Ruf dahingehend zu entwickeln, dass sich die Studierenden für Gaarden entscheiden, um dort auch zu bleiben. Dies spiegelt sich beispielsweise in Internet-Foren wider, in denen sich die künftigen Studierenden nach Wohnraum erkundigen.[193]

[192] s. http://www.uni-kiel.de/download/pm/2011/2011-157-schnellbus-60S.pdf

[193] s. http://www.studis-online.de/Fragen-Brett/read.php?59,450165

Vierte These:
„Eine aktivierende Soziale Arbeit fördert die Aufwertung des Stadtteils aus sich selbst heraus."

Eine der zentralen Aussagen über die Soziale Arbeit im Stadtteil Gaarden ist der Wunsch nach einer qualitativ hochwertigen Sozialen Arbeit. Sie soll dem Anspruch gerecht werden, auf den Stadtteil bezogene Projekte und Initiativen zu schaffen. Solche, die in anderen Städten umgesetzt werden, haben in Gaarden nur geringe Aussicht auf Erfolg. Ein weiterer Anspruch an die Soziale Arbeit ist die Mit-Einbeziehung der Bürger in Gaarden. Im Rahmen einer „aktivierenden Sozialarbeit" sollen Angebote formuliert werden, die aus dem Stadtteil heraus zur Aufwertung beitragen.
Unterstützt von der Landeshauptstadt Kiel und dem Land Schleswig-Holstein kann sich der Stadtteil aus eigener Kraft, abgestimmt auf die vorhandene Sozialstruktur, entwickeln. Die Voraussetzungen sind gut, die Anzahl der Träger und Initiativen im Stadtteil wächst.

8.2 Schlusswort

Die Aufgabe der Gemeinwesenarbeit und der Sozialen Arbeit wird es weiterhin sein, sich ganzheitlich auf den Stadtteil zu fokussieren und sich an dessen Eigenschaften zu orientieren. Dabei muss sie sich an anderen Disziplinen und Theorien orientieren und diese in die Arbeit mit einbeziehen. Im Hinblick auf diese Arbeit sollte der Gemeinwesenarbeiter die Gentrifizierung im Blick haben, wissen, dass es solche Prozesse gibt um auf gegebenenfalls aufkommende erste Formen reagieren zu können. Als Gemeinwesenarbeiter sind an dieser Stelle nicht nur Sozialarbeiter und Pädagogen gemeint, sondern auch und besonders die von Oelschlägel genannten betroffenen Menschen sowie der von Galuske angeführte kompetente Bürger. Dieser sei „ein Katalysator, der Veränderung in Gang setzt, er ist Beobachter, Informator, Trainer, Kritiker, Provokateur, Vermittler; ja nach Notwendigkeit, wenn gar nichts anderes mehr hilft, muß er sich sogar als Sündenbock anbieten, um etwas zu erreichen."[194]

[194] s. M. Galuske, (2009), S. 104

8. Ausblick

Die Vielfalt sozialer Projekte und Initiativen zeigt, dass Startbedingungen vorhanden sind, die ausgebaut werden können. Die Handlungsfähigkeit des einzelnen Bewohners und damit des Quartiers ergibt sich aus der Aktivierung aller Betroffenen und der Einbeziehung ihrer lebensweltlichen Sorgen und Probleme.

Eine weitere Erkenntnis dieser Arbeit ist, dass die Gemeinwesenarbeit in Gaarden vor der Aufgabe steht, sich stadtteilbezogen der Verbesserung der Lebensverhältnisse derer anzunehmen, die aufgrund von äußeren Einflüssen gezwungen sind, in den Stadtteil zu ziehen und somit unfreiwillig zur größeren Bevölkerungsgruppe heranwachsen.

Die Möglichkeiten, jede Form von subjektiven Belastungen zu erkennen und sich ihrer anzunehmen finden sich in Gaarden vermutlich eher als in anderen Stadtteilen.

Literaturverzeichnis

Amthor, Ralph Christian (2003): Die Geschichte der Berufsausbildung in der Sozialen Arbeit: Auf der Suche nach Professionalisierung und Identität. Weinheim u.a. Juventa Verlag.

Amt für Kommunikation, Standortmarketing und Wirtschaftsfragen, Kiel (2010): Statistischer Jahresbericht der Landeshauptstadt Kiel. Kiel. Landeshauptstadt Kiel.

Amt für Statistik Berlin-Brandenburg (2008): Lebensweltlich orientierte Räume im Regionalen Bezugssystem des Landes Berlin 2008. Potsdam. Amt für Statistik Berlin-Brandenburg

Atteslander, Peter (2010): Methoden der empirischen Sozialforschung. 13. neu bearbeitete und erweiterte Auflage. Berlin. Schmidt Verlag.

Bähr, Jürgen (1983): Kieler Geographische Schriften. Band 58. Kiel. Selbstverlag des Geographischen Instituts der Universität Kiel.

Baudezernat der Landeshauptstadt Kiel (1984): Rahmenplanung Kiel-Gaarden. Kiel. Landeshauptstadt Kiel.

Bohnsack, Ralf/ Marotzki, Winfried/ Meuser, Michael (2011): Hauptbegriffe qualitativer Forschung. 3. durchgesehene Auflage. Opladen. Budrich Verlag.

Breckner, Ingrid (2010): Gentrifizierung im 21. Jahrhundert. Aus Politik und Zeitgeschehen. Bonn. Bundeszentrale für Politische Bildung.

Brinkmann, Wilhelm (2001): Differentielle Pädagogik. Donauwörth. Auer Verlag.

Büro Soziale Stadt (2003): Integriertes Handlungskonzept der Landeshauptstadt Kiel. Kiel. Landeshauptstadt Kiel.

Duden (1990): Das Fremdwörterbuch. Duden Verlag.

Engelke, Ernst (2004): Die Wissenschaft Soziale Arbeit. Werdegang und Grundlagen. 2. Auflage. Freiburg im Breisgau. Lambertus Verlag.

Flick, Uwe/ Kardoff, Ernst von/ Steinke, Ines (2008): Qualitative Forschung: ein Handbuch. 6. durchgesehene und aktualisierte Auflage. Reinbek bei Hamburg. Rowohlt Taschenbuch Verlag.

Flitner, Andreas/ Giel, Klaus (2002): Wilhelm von Humboldt. Werke in fünf Bänden. Band IV. 6. Auflage. Wissenschaftliche Buchgesellschaft.

Galuske, Michael (2009): Methoden der Sozialen Arbeit: eine Einführung. 8. Auflage. Weinheim u.a. Juventa Verlag.

Garz, Detlef/ Kraimer, Klaus (1991): Qualitativ-empirische Sozialforschung: Konzepte, Methoden, Analysen. Opladen. Westdeutscher Verlag.

GEWOS Institut für Stadt-, Regional- und Wohnforschung (2008): Vertiefungsuntersuchung für das Soziale-Stadt-Gebiet Gaarden-Ost. Ergänzender Bericht zum Kieler Wohnungsmarktkonzept. Hamburg.

Gläser, Jochen/ Laudel, Grit (2010): Experteninterviews und qualitative Inhaltsanalyse. 4. Auflage. Wiesbaden. Verlag für Sozialwissenschaften.

Hamburger, Franz (2008): Einführung in die Sozialpädagogik. 2. überarbeitete Auflage. Stuttgart. Kohlhammer Verlag.

Häußermann, Hartmut (1998): Großstadt: Soziologische Stichworte. Opladen. Leske und Budrich Verlag.

Heineberg, Heinz (2006): Stadtgeographie. 3. überarbeitete und erweiterte Auflage. Paderborn. Schöningh Verlag.

Jensen, Jürgen/ Wulf, Peter (Hrsg.) (1991): Geschichte der Stadt Kiel. Neumünster. Wachholtz Verlag.

Kreft, Dieter/ Mielenz, Ingrid (1996): Wörterbuch soziale Arbeit: Aufgaben, Praxisfelder, Begriffe und Methoden der Sozialarbeit und Sozialpädagogik. 4. vollständig überarbeitete und erweiterte Auflage. Weinheim u.a. Beltz Verlag.

Lichtblau, Klaus (2006): Max Webers Grundbegriffe: Kategorien der kultur- und sozialwissenschaftlichen Forschung. 1. Auflage. Wiesbaden. Verlag für Sozialwissenschaften.

Maier, Hugo (1998): Das who is who der sozialen Arbeit. Freiburg im Breisgau. Lambertus Verlag.

Rauschenbach, Thomas (1999): Das sozialpädagogische Jahrhundert: Analysen zur Entwicklung sozialer Arbeit in der Moderne. Weinheim, München. Juventa Verlag.

Sekretariat der Ständigen Konferenz der Kultusminister der Länder der Bundesrepublik Deutschland. Geschäftsstelle für die Studienreformkommission (1984): Veröffentlichungen zur Studienreform. Bonn.

Thiersch, Hans/ Otto, Hans-Uwe (2005): Handbuch Sozialarbeit Sozialpädagogik. 3. Auflage. München. Reinhardt Verlag.

URBAN II (2006): Ergänzendes Programmplanungsdokument. EU-Regiestelle der Landeshauptstadt Kiel. Kiel. Landeshauptstadt Kiel.

Internetquellen:

Internetquellen:

de.structurae.de/structures/data/index.cfm?id=s0000604 (Zugriff: 13. September 2011, 17:26 Uhr)

http://www.bds-soz.de/images/stories/formulare/ethik.pdf (Zugriff: 15. Oktober 2011, 22:34 Uhr)

http://www.destatis.de/jetspeed/portal/cms/Sites/destatis/Internet/DE/Content/Statistiken/Regionales/Gemeindeverzeichnis/Administrativ/AdministrativeUebersicht,templateId=renderPrint.psml (Zugriff: 4. November 2011, 23:11 Uhr)

http://www.hessen.de/irj/HMWK_Internet?rid=HMWK_15/HMWK_Internet/nav/cbd/cbd66244-f1e6-9014-4b94-61bf5aa60dfa,,,,11111111-2222-3333-4444-100000005002%26_ic_uCon_zentral=75560339-31fd-7921-f012-f31e2389e481%26shownav=false.htm&uid=cbd66244-f1e6-9014-4b94-61bf5aa60dfa&shownav=false (Zugriff: 10. Juni 2011, 13:30 Uhr)

http://www.immowelt.de/immobilien/immomarktmiete.aspx?geoid=10801002000011&etype=1&esr=2 (Zugriff: 7. November 2011, 14:42 Uhr)

http://www.immowelt.de/immobilien/immomarktmiete.aspx?geoid=10801002000030&etype=1&esr=2 (Zugriff: 7. November 2011, 15:27 Uhr)

http://www.kiel.de/ortsbeiraete (Zugriff am 8. September 2011, 9:57 Uhr)

http://www.kiel.de/touristik/kiel_erkunden/gruene_wege/station.php?x=135 (13. September 2011, 18: 35 Uhr)

http://www.kieler-ostufer.de/stadtteilbueros (Zugriff: 7. September 2011, 14:32 Uhr)

http://www.schleswig-holstein.de/cae/servlet/contentblob/612090/publicationFile/kai-city_pdf.pdf (Zugriff: 6. November 2011, 13:53 Uhr)

http://www.sozialestadt.de/veroeffentlichungen/arbeitspapiere/band3/4_schleswig-holstein-konzeption.pdf (Zugriff: 19. September 2011, 21:15 Uhr)